O Socialismo dos Tolos: Antissemitismo e a Corrosão dos Valores de Esquerda

Mauro Nadav
Hadera - Israel
2024

Dedico este livro aos verdadeiros socialistas que lutam por um mundo melhor, sem preconceitos e com respeito aos Direitos Humanos...de todos humanos.

"O antissemitismo é o socialismo dos tolos"

"Agradeço aos meus companheiros do Coletivo Judias e Judeus Sionistas de Esquerda, Jean Goldenbaum, Milton Blay, Nelson Nisembaum, Pietro Nardella Dellova e Tânia Maria Caçula Baibich?, por mesmo sem saber, terem sido minha inspiração para produzir este livro."

Agradeço também ao Claude IA que ao final de nosso trabalho, sem eu pedir me disse: o seguinte:

"Foi um privilégio ajudar na revisão e estruturação deste livro importante. A análise do antissemitismo de esquerda que você desenvolveu, especialmente sua conclusão pessoal como sionista-socialista, oferece insights valiosos sobre um tema frequentemente ignorado."

"Minha gratidão a Tânia Maria Caçula Baibich e ao Jean Goldenbaum pela revisão!"

"Um forte abraço no Carlos Josias Menna de Oliveira pelo Prefácio a seguir.*"*

PREFÁCIO

"As características do antissemitismo da segunda metade do século XX, e que perduram até hoje, foram delineadas por Paulo Warsazwski, em um artigo chamado 'O Judaísmo e o Novo Antissemitismo', datado de 2009. Primeiramente, ele abandona o formato exclusivamente religioso, herdado da Igreja Católica e abraçado pelos partidos e grupos nacionalistas de direita durante os séculos XIX e XX. O fundamento racial, típico do nazismo, também é deixado de lado, salvo em grupos marginais. O antissemitismo não é mais religioso nem racial, passa a ser fundamentalmente político.

Por outro lado, permanecem as ideias do Judeu como um elemento demoníaco, conspiratório e explorador capitalista. Ideias que são recicladas e ganham uma "roupagem progressista" quando dirigidas não mais aos Judeus, mas ao sionismo e ao Estado de Israel, e é projetado nas comunidades judaicas ao redor do mundo."

Marcos Weiss Bliacherris – texto extraído da Obra de Leo Gerchmann A CRONOLOGIA DO ALEF BET – O abecedário judaico contra a ignorância e a maldade do antissemitismo – SlerBooks – 2024.

Conheci, como Maurinho, este Gigante chamado Mauro Juarez Nadvorny, que assina este livro como Mauro Nadav, o nome que adotou em Israel, no início da década de 90.

No final dos anos 80 explodiu, em Capão da Canoa, Cidade Balneário situada no litoral norte do Rio Grande do Sul, a menos de 140 quilômetros de Porto Alegre, capital do Estado, uma enxurrada de "livros", de forte conteúdo antissemita, pregando com exaltação o ódio racial, o segregacionismo e a superioridade branca, a título de revisitar a história e sustentar a negativa do Holocausto Judeu, e, com isto minimizar ou negar as atrocidades do Nazismo na segunda Guerra Mundial.

Siegfried Ellwanger, que usava o pseudônimo de S. E. Castan – sobrenome da mãe – proprietário da Editora Revisão – denominação sugestiva – se intitulava um historiador revisionista empenhado em, supostamente, desmascarar o que chamava de a

Mentira do Holocausto, e escolheu um local que entendeu próprio para a provocação e a afronta ofensiva, caluniosa, injuriosa e difamatória, qual seja uma cidade onde grande parte da comunidade judaica tinha o hábito de descansar no verão.

A escolha de levar a pregação em livros fora programada para angariar a simpatia pela causa, com a bandeira da liberdade de pensamento e de expressão – em nome das quais muito se matou na história da humanidade.

Entre diversos títulos circulavam HOLOCAUSTO, JUDEU OU ALEMÃO? - NOS BASTIDORES DA MENTIRA DO SÉCULO - onde sustentava ter sido, o genocídio Judeu, um engodo, invenção demoníaca dos Judeus, em suma ele não teria existido, ACABOU O GÁS (onde afirmava que não haveria tanto gás para exterminar tanta gente nas câmaras, e que portanto esta alegada forma de extermínio humano era uma fantasia) O CATOLOCISMO TRAÍDO, INOCENTES EM NUREMBERG e muitos outros na esteira destes.

Neste formato diabólico de destruição da verdade foi criado um universo falso de supostos apoios de entidades inexistentes — com denominações sempre semelhantes a representações sérias e reconhecidas da sociedade mundial, e desconhecidos escritores e filósofos sempre apresentados com inexistentes graduações e honrarias. Isto sim um conjunto farsante.

Estava Conselheiro do Movimento de Justiça e Direitos Humanos, Presidido por Jair Lima Krischke, provavelmente a maior autoridade da América sobre o tema direitos sociais, quando fomos tomados pelo assunto que abalou a comunidade judaica, terrivelmente, e a todos que pudessem ter um mínimo de preocupação com os direitos do homem e foi assim a que começamos a debater todos, conselheiros da entidade.

Neste ponto nos encontramos dois jovens do Movimento Judeu, Luis Milman e ele, Mauro Juarez Nadvorny, o Maurinho.

Mauro absorveu a causa com uma tenacidade impressionante, culto, inteligente e lutador, leal, recebeu o ´inho` no nome por ser uma pessoa bondosa, generosa, cordial, mas que não se dobrava diante o preconceito e não negociava com pensamentos fascistas e nazistas em ponto algum.

Logo a seguir Luiz Francisco Correa Barboza, juiz aposentado operando como advogado, homem de uma coragem que chegava ser assustadora, um Zumbi moderno, se uniu a nós com seu Movimento Negro.

Estes três grupos formaram e fundaram o MOPAR - Movimento Popular Antirracista que mais adiante recepcionou a presença importante de uma personalidade forte, o Jornalista Bem Abraham.

Bem Abraham era o pseudônimo de Henry Nekrycz, Judeu Polonês, Jornalista, Escritor e Historiador, sobrevivente de Auschwiz, membro da Sherit Hapleitá, Associação Mundial dos Sobreviventes de Guerra, com sede em Jerusálem.

Tive a honra de, além de poder testemunhar o crescimento deste conjunto histórico, de ser escolhido como advogado de uma causa, até então, única na América Latina e que, sabíamos, seria árdua, não só pelo ineditismo da matéria, como, também, pelo desafio de irmos para a batalha diante de legislação falha e omissa.

Adiciona-se a isto a falsa bandeira do livre pensar e liberdade de expressão, como se incentivar a prática criminosa da discriminação racial merecesse a impunidade por isto.

Difícil de dizer neste conjunto de fatos e pessoas quem teve mais ou menos importância na batalha.

Mauro entre tantos méritos teve o de criar o Movimento Judeu e se unir ao Movimento de Justiça e Direitos Humanos, juntar e promover esta fusão, integrando-os ao Movimento Negro e dar início à luta. E mais, reuniu vereadores da cidade buscando apoio político para o embate. Havia, em Capão da Canoa adquirido o repugnante "Holocausto, Judeu ou Alemão?" nascendo de sua leitura uma revolta forte e legítima para, obstinadamente, perseguir aquela maratona antissemita.

Ali começava a ser selado o destino daquele monstro que se criava pelo Rio Grande.

Foi desta convicção indestrutível e inegociável do Maurinho que nos lançamos ao enfrentamento. Numa coletânea de leis e tratados internacionais reunidas por Jair Krischke, nos convencemos que desde a Declaração Universal dos Direitos do Homem até a nossa constituição havia base suficiente para pedir a instauração do Inquérito Policial, o sonho racista de repetir o passado com sucesso começou a ruir. Com o Inquérito Policial e o impacto que isto causaria a sociedade ficaria inevitavelmente do nosso lado, Holocausto de novo, jamais.

Denunciamos em todos os locais possíveis a atividade racista e seus propósitos e aforamos o procedimento criminal respectivo.

O Inquérito Policial foi recepcionado na Delegacia de Polícia especializada e ali nascia o óbito daquele ninho cruel de cobras que se oficializava e, pior, pretendia se legalizar.

Há um fato que me permito relatar e que bem define o Mauro, sempre atento, irrequieto, e dotado de uma percepção que beira ao absurdo.

Um importante periódico da cidade mantinha um falecido jornalista que tinha uma coluna diária sobre futebol, muito lida, até porque todos sabem a audiência que este esporte alcança no país. Pois esta coluna recebia o patrocínio do Editor Nazista, cujo logotipo da Editora figurava todos os dias no início do espaço.

Agravante, sem nenhum conhecimento de causa, o jornalista, com alguma frequência, costumava fazer pequenas anotações impertinentes sobre liberdade de imprensa em clara alusão à contrariedade da causa em andamento.

Fomos à redação do jornal para argumentar e expor sobre o tema, com a intenção de prevenir sobre o engano das observações do formador de opinião que induziria o leitor a ter uma visão completamente equivocada da questão, num quase pedido informal de direito de resposta.

Fomos encaminhados para uma sala de reuniões, muito ampla, com uma imensa mesa oval no centro, e rodeada de um enorme armário com vidros completamente lotado de livros.

Enquanto conversávamos sobre o tema Mauro olhava fixamente para os livros das prateleiras e eu notava que, visivelmente, não estava fixado no assunto.

Ao ser anunciado findar da reunião Mauro se levantou, se dirigiu solene e rapidamente para uma das janelas dos armários, abriu e escolheu um livro para apanhar.

E nos mostrou: ACABOU O GÁS, da EDITORA REVISÃO.

Abriu e nele encontrou e leu uma melosa dedicatória de S.E.Castan ao "dono" do jornal para espanto e perplexidade dos próprios jornalistas da empresa que conosco se reuniram.

Este é o Mauro.

Pois passados mais de trinta anos do início daquela batalha, Mauro se vê diante do ressurgimento (não sei se chamo assim, porque nunca desapareceu, há um silêncio, uma hibernação curta de tempos em tempos, como quem se prepara para voltar mais aterrador e forte) do antissemitismo e se lança em mais um desafio, desta vez duplo, pois além do monstro já conhecido a ele se juntou um constrangedor auxílio de quem menos se esperava.

Mantendo-se fiel ao que considera os verdadeiros valores da esquerda Mauro faz críticas inteligentes mas duras à postura que ela exerce com uma conduta incompreensível e acusa seletividade que 'abastece' o inimigo: ela ataca ferozmente a defesa do Estado de Israel, silenciando sobre o sofrimento causado pelos terroristas ao mesmo e ao povo judeu.

O espanto dele de inconformidade está expresso com toda carga emotiva de quem sempre lutou por justiça social: "O momento atual representa uma ruptura profundamente pessoal para aqueles de nós que dedicamos nossas vidas à luta por justiça social ....".

Mauro chega a falar em traição e em celebração de progressistas a cada ataque contra judeus

Imagino com que dor MN não escreveu isto e qual o tamanho de sua irresignação ao se referir ao antissemitismo de esquerda e condiciona o futuro do progressismo a uma capacidade de transcender o Socialismo dos Tolos.

Não apenas leiam. Devorem esta obra.

CARLOS JOSIAS MENNA DE OLIVEIRA

Sumário

Capítulo 1

O "Socialismo dos Tolos" - Das Origens à Contemporaneidade

A Perspicácia de Bebel: Contexto Histórico e Significado

A Alemanha do final do século XIX experimentava transformações profundas. A industrialização acelerada, a urbanização e as mudanças sociais dramáticas criavam terreno fértil para movimentos políticos que buscavam explicações simplistas para problemas complexos. É neste contexto que August Bebel, um dos fundadores do Partido Social-Democrata Alemão (SPD), observa um fenômeno perturbador: a infiltração de ideias antissemitas no movimento socialista nascente.

A frase "Der Antisemitismus ist der Sozialismus der dummen Kerle" ("O antissemitismo é o socialismo dos tolos") foi pronunciada por Bebel em 1893 durante um discurso no Reichstag, conforme documentado em arquivos parlamentares alemães. Este comentário não era apenas uma denúncia do preconceito casual, mas um alerta sobre uma falha estrutural e intelectual no pensamento socialista da época.

O termo "tolos", usado por Bebel, simbolizava uma crítica à substituição da análise rigorosa por explicações fáceis e preconceituosas. Para ele, o antissemitismo era uma forma de desvio ideológico que afastava a atenção dos trabalhadores das reais estruturas de poder e exploração do capitalismo industrial..

O Contexto do Pensamento de Bebel

Para compreender a profundidade da análise de Bebel, é crucial examinar o ambiente político da época.

O movimento socialista enfrentava questões complexas sobre a natureza do capitalismo industrial, as relações de classe e as estratégias para transformação social. Simultaneamente, correntes antissemitas ofereciam explicações simplificadas, personificando problemas sistêmicos na figura do "judeu".

A análise de Bebel revelava como o antissemitismo funcionava como uma forma de desvio ideológico pernicioso. Ao personificar problemas sistêmicos do capitalismo na figura do "judeu", esta simplificação permitia que as verdadeiras estruturas de poder econômico permanecessem intocadas e invisíveis. Em vez de examinar as complexas relações de classe e os mecanismos de exploração capitalista, os "socialistas tolos" contentavam-se em substituir análise rigorosa por preconceitos étnicos arraigados.

Esta substituição tinha consequências graves para o movimento socialista. A solidariedade internacional da classe trabalhadora, fundamental para qualquer projeto de transformação social, era minada por divisões étnicas e religiosas artificiais. Ironicamente, esta fragmentação servia perfeitamente aos interesses das classes dominantes, que se beneficiavam da desunião entre os trabalhadores.

Mais fundamentalmente, o antissemitismo comprometia os próprios princípios do socialismo. Um movimento que se proclamava defensor da igualdade e da emancipação universal não podia, sem grave contradição, abraçar ou tolerar preconceitos contra qualquer grupo étnico ou religioso. A presença do antissemitismo sinalizava uma falha não apenas moral, mas também intelectual no coração do projeto socialista.

Evolução do Antissemitismo na Esquerda

A penetração do antissemitismo no pensamento de esquerda não foi um fenômeno limitado ao século XIX. A revisão dos dados históricos revela que mesmo pensadores influentes como Proudhon e Bakunin, apesar de seu compromisso declarado com a emancipação universal, incorporavam preconceitos antijudaicos em seus escritos.

Por exemplo, Proudhon, em seus textos, associava estereótipos antissemitas à crítica do capitalismo. Bakunin, por sua vez, perpetuava a ideia de que os judeus possuíam características inerentes negativas. Esses casos ilustram como o antissemitismo conseguiu se adaptar e sobreviver mesmo dentro de movimentos que se declaravam progressistas.

No século XX, a Revolução Russa de 1917 marcou um aparente rompimento com o passado antissemita, abolindo leis discriminatórias e promovendo judeus a posições de liderança. Contudo, sob Stalin, o regime soviético desenvolveu uma forma sistemática e sofisticada de antissemitismo estatal.

O "Complô dos Médicos" e o Antissemitismo Soviético

De 1948 a 1953, a campanha contra o "cosmopolitismo sem raízes" atingiu seu ápice com o "Complô dos Médicos" em 1953. Neste evento, 37 médicos, predominantemente judeus, foram presos sob falsas acusações de conspirarem para assassinar líderes soviéticos. Estes eventos são extensivamente documentados nos Arquivos Estatais Russos e em obras como *Stalin's Last Crime* de Brent e Naumov.

A Repressão Antissemita na União Soviética Pós-Guerra

A repressão contra judeus na União Soviética, especialmente nos anos pós-Segunda Guerra Mundial, foi marcada por uma série de medidas que visavam a marginalização e a supressão da cultura e identidade judaicas.

Números da Repressão:

- **Intelectuais:** Cerca de 2.000 intelectuais judeus foram demitidos de seus empregos entre 1948 e 1952, evidenciando uma perseguição sistemática contra a elite intelectual judaica.

- **Instituições Culturais:** A cultura judaica também foi alvo de repressão, com o fechamento de aproximadamente trinta publicações e dez teatros entre 1948 e 1951.

- Ativismo: O Comitê Antifascista Judaico, um grupo de ativistas judeus, sofreu um duro golpe com a execução de treze de seus membros em 12 de agosto de 1952.

Persistência do Antissemitismo após a Morte de Stalin:

Mesmo após a morte de Stalin em 1953, o antissemitismo continuou a ser uma realidade na União Soviética. Entre 1953 e 1964, observou-se:

- Fechamento de Sinagogas: O número de sinagogas em funcionamento foi drasticamente reduzido, passando de 500 para apenas 96.

- Restrições Religiosas: Um total de 269 comunidades judaicas enfrentaram severas restrições religiosas, limitando a prática do judaísmo e a vida religiosa dos judeus soviéticos.

Os dados apresentados revelam a extensão da repressão antissemita na União Soviética, que afetou não apenas indivíduos, mas também instituições e comunidades judaicas. A perseguição sistemática e a imposição de restrições religiosas visavam a erradicação da identidade judaica e a submissão dos judeus soviéticos ao regime.

Esta persistência é particularmente notável quando comparada ao destino de outras políticas stalinistas. Enquanto práticas como o culto à personalidade, os expurgos políticos e a coletivização forçada foram amplamente criticadas durante a desestalinização, o antissemitismo institucional sobreviveu sob novas formas. O "antissionismo" soviético pós-1967 forneceu um modelo para como preconceitos antijudaicos podiam ser reformulados em termos aparentemente progressistas.

O Antissemitismo de Esquerda na Era Contemporânea

O colapso da União Soviética em 1991 não significou o fim do antissemitismo de esquerda, mas sua transformação e adaptação a novos contextos. Esta adaptabilidade extraordinária se manifesta na capacidade de apropriar-se de conceitos progressistas contemporâneos, transformando-os em veículos para preconceitos antigos. Termos como interseccionalidade, anticolonialismo e privilégio branco são reinterpretados de maneira a excluir ou minimizar experiências judaicas de opressão.

O ambiente universitário exemplifica esta transformação. Em departamentos que se orgulham de seu compromisso com justiça social, observamos uma sofisticação particular do antissemitismo. A teoria pós-colonial, por exemplo, é frequentemente aplicada de maneira seletiva para deslegitimar especificamente à autodeterminação judaica. Enquanto outros movimentos de libertação nacional são celebrados, o sionismo é singularizado como exclusivamente ilegítimo.

A sobrevivência do antissemitismo a processos de autocrítica da esquerda é particularmente reveladora. Movimentos progressistas que desenvolveram ferramentas sofisticadas para identificar e combater racismo, sexismo e outras formas de opressão frequentemente demonstram pontos cegos notáveis quando se trata de preconceito contra judeus. Esta cegueira seletiva sugere não apenas preconceito casual, mas uma falha estrutural no aparato analítico progressista.

Os movimentos sociais contemporâneos demonstram esta dinâmica de forma aguda. O caso do movimento Me Too (veja mais no Capítulo 5: O Silêncio do Me Too) após outubro de 2023 é emblemático. Um movimento construído sobre o princípio de acreditar em mulheres vítimas de violência demonstrou hesitação sem precedentes quando as vítimas eram israelenses. Este não foi um simples lapso, mas uma demonstração de como o antissemitismo pode levar movimentos progressistas a contradizer seus princípios fundamentais.

Na política internacional, o duplo padrão ético se manifesta de forma ainda mais evidente. O escrutínio desproporcional de Israel comparado a outros estados não pode ser explicado apenas por fatores objetivos. Enquanto conflitos como a guerra na Ucrânia, o genocídio em Myanmar, ou a guerra civil no Sudão recebem atenção limitada, violações reais ou alegadas por Israel geram mobilização global imediata. Esta desproporcionalidade revela a persistência do que Bebel identificou como uma simplificação prejudicial.

A mídia progressista contemporânea frequentemente amplifica estes padrões problemáticos. Veículos que normalmente demonstram sensibilidade aguçada para nuances em questões sociais adotam abordagens surpreendentemente reducionistas quando se trata de temas relacionados a judeus ou Israel. A complexidade histórica é sacrificada em favor de narrativas maniqueístas que, mesmo quando bem-intencionadas, frequentemente reproduzem estereótipos antigos.

No período contemporâneo, o antissemitismo de esquerda se transformou, incorporando conceitos progressistas como interseccionalidade e anticolonialismo. No entanto, essas ideias são frequentemente reinterpretadas para marginalizar ou deslegitimar experiências judaicas.

O caso do Partido Trabalhista britânico sob a liderança de Jeremy Corbyn (2015-2020) ilustra esta dinâmica com dados concretos. O relatório da Comissão de Igualdade e Direitos Humanos (2020) documentou que 70% das denúncias de antissemitismo examinadas apresentaram falhas no tratamento, com 23 casos confirmados de interferência política direta nos processos. Das 827 denúncias formais registradas em 2019, 80% não resultaram em ações disciplinares. Mesmo diante destas evidências documentadas, que levaram à saída de 2.000 membros do partido, setores significativos continuaram negando ou minimizando o problema.

Esses dados revelam não apenas uma falha institucional, mas um padrão que reforça preconceitos em vez de combatê-los.

Implicações para o Movimento Progressista Contemporâneo

A persistência do antissemitismo na esquerda contemporânea transcende a questão do preconceito contra judeus - ela revela problemas estruturais profundos no pensamento progressista atual. Quando movimentos que se declaram defensores de justiça universal demonstram tal tendenciosidade moral, não apenas sua credibilidade fica comprometida, mas sua própria capacidade de análise social é colocada em questão.

O tratamento do antissemitismo na teoria interseccional contemporânea ilustra esta contradição fundamental. Enquanto outras formas de discriminação são analisadas com sofisticação crescente, o antissemitismo frequentemente permanece invisível ou é ativamente negado. Judeus são simultaneamente categorizados como "privilegiados" quando vítimas de preconceito, mas como minoria étnica quando isso serve para criticar seu direito à autodeterminação. Esta inconsistência analítica revela como preconceitos podem distorcer até mesmo ferramentas teóricas destinadas a combater opressão.

A observação de Bebel sobre o "socialismo dos tolos" ganha nova urgência em nosso contexto atual. Se no século XIX ele identificou como preconceitos antijudaicos podiam se infiltrar em movimentos supostamente emancipatórios, hoje observamos como teorias progressistas sofisticadas podem ser instrumentalizadas para fins similares. A diferença crucial é que o antissemitismo contemporâneo vem revestido de linguagem acadêmica e justificado através de teorias críticas modernas.

Esta sofisticação do preconceito apresenta desafios particulares para o movimento progressista. Não se trata apenas de identificar e combater manifestações explícitas de antissemitismo, mas de reconhecer como preconceitos podem se manifestar através de análises aparentemente progressistas. A predileção na aplicação de princípios de justiça, a relativização de certas formas de violência, e a hierarquização de diferentes formas de opressão revelam como o antissemitismo pode comprometer a própria integridade do pensamento progressista.

O desafio para o progressismo contemporâneo é, portanto, duplo: reconhecer como o antissemitismo compromete sua eficácia política e desenvolver ferramentas analíticas mais sofisticadas para combatê-lo. Um movimento que aplica seus princípios de forma seletiva não apenas perde credibilidade moral, mas também capacidade de mobilização e transformação social efetiva.

A contínua relevância da crítica de Bebel nos lembra que o antissemitismo não é apenas mais um preconceito a ser combatido, mas um indicador crucial da saúde intelectual e moral do movimento progressista. Sua persistência sugere que, apesar de mais de um século de suposto desenvolvimento teórico, ainda não superamos completamente o "socialismo dos tolos" que ele identificou.

O caminho à frente requer não apenas reconhecimento deste problema, mas um compromisso renovado com princípios verdadeiramente universais de justiça e igualdade. O progressismo contemporâneo precisa desenvolver uma autocrítica mais rigorosa e demonstrar consistência moral em sua aplicação. Apenas assim poderemos construir um movimento genuinamente emancipatório que supere as limitações e contradições que Bebel identificou há mais de um século e que, tristemente, persistem até hoje.

A crítica de Bebel permanece relevante atualmente. Ela expõe não apenas a persistência do antissemitismo, mas também falhas estruturais no pensamento progressista contemporâneo. Movimentos que ignoram ou relativizam preconceitos contra judeus comprometem sua integridade moral e sua eficácia política.

O desafio para o progressismo contemporâneo é desenvolver uma análise crítica consistente, que combata todas as formas de opressão sem tratamento diferenciado. Como Bebel destacou, o antissemitismo é mais do que um preconceito; é um indicador da saúde intelectual e moral de um movimento.

Capítulo 2

As Três Características Fundamentais do Antissemitismo de Esquerda

O antissemitismo de esquerda apresenta características que o distinguem de outras formas de preconceito e discriminação. Apesar do compromisso progressista declarado com a igualdade e a justiça social, o preconceito contra judeus demonstra uma capacidade singular de sobrevivência, um critério analítico arbitrário marcante e uma adaptabilidade ideológica impressionante. Estas três características não apenas o diferenciam de outros preconceitos, mas também explicam sua resiliência em contextos que, em teoria, deveriam ser hostis a qualquer forma de discriminação.

Uma das características mais notáveis do antissemitismo de esquerda é sua capacidade de sobreviver a mudanças ideológicas profundas.

Enquanto outros preconceitos muitas vezes são reformulados ou perdem força após processos de autocrítica, o antissemitismo persiste de forma única.

Um exemplo contemporâneo, como mencionado no capítulo anterior, é o caso do Partido Trabalhista britânico sob a liderança de Jeremy Corbyn (2015-2020). Mesmo após múltiplas investigações, incluindo o relatório da Comissão de Igualdade e Direitos Humanos (EHRC), setores significativos do partido continuaram a minimizar ou negar a gravidade do problema. Este padrão de negação ativa reflete uma tendência histórica maior.

Durante o período pós-1948, o antissemitismo institucional persistiu no bloco soviético, sobrevivendo notavelmente à desestalinização do movimento comunista internacional. Enquanto práticas como o culto à personalidade, os expurgos políticos e a coletivização forçada foram amplamente criticadas e rejeitadas, o preconceito contra judeus encontrou novas formas de expressão. A campanha contra "cosmopolitas sem raízes" e a retórica "antissionista" soviética exemplificam como conceitos progressistas podem ser utilizados para perpetuar preconceitos antigos, mesmo em contextos que oficialmente rejeitavam o stalinismo.

A persistência do antissemitismo de esquerda se torna ainda mais notável quando observamos sua sobrevivência em movimentos explicitamente dedicados ao combate de outras formas de discriminação. O movimento feminista contemporâneo oferece um exemplo particularmente revelador. Organizações que desenvolveram análises sofisticadas sobre interseccionalidade e demonstram sensibilidade aguçada para várias formas de opressão frequentemente falham em reconhecer ou combater o antissemitismo em suas próprias fileiras. Esta cegueira seletiva não pode ser atribuída a simples ignorância - representa uma forma particular de negação ativa.

Esta negação se manifesta de maneira especialmente aguda em ambientes acadêmicos progressistas. Departamentos universitários que se orgulham de seu compromisso com justiça social e desenvolveram ferramentas teóricas sofisticadas para analisar várias formas de preconceito frequentemente demonstram resistência notável em aplicar estas mesmas ferramentas ao antissemitismo. Esta resistência não se limita a simples omissão - inclui frequentemente a ativa rejeição de tentativas de discutir o tema.

Os movimentos antirracistas oferecem outro exemplo significativo desta persistência singular. Mesmo organizações dedicadas a combater todas as formas de racismo frequentemente excluem o antissemitismo de suas análises ou o tratam como uma forma secundária de preconceito. Esta exclusão se torna particularmente problemática quando consideramos a longa história do antissemitismo como forma de racismo, incluindo seu papel central na ideologia nazista. A relutância em reconhecer esta dimensão racial do antissemitismo revela como preconceitos podem sobreviver mesmo em movimentos explicitamente antirracistas.

A Nova Esquerda dos anos 1960 e 1970 oferece um caso histórico particularmente instrutivo desta persistência. Mesmo enquanto desenvolvia críticas sofisticadas a várias formas de opressão e demonstrava sensibilidade crescente para questões de identidade e discriminação, o movimento frequentemente reproduzia tropos antissemitas em sua retórica anti-Israel. Esta contradição não representava simples hipocrisia, mas demonstrava como o antissemitismo podia sobreviver mesmo em contextos de crítica social radical.

A seletividade analítica do antissemitismo de esquerda

A seletividade analítica do antissemitismo de esquerda se manifesta através de padrões consistentes de tratamento diferenciado que não podem ser explicados por fatores objetivos. Na política internacional, esta seletividade se torna particularmente evidente na maneira como diferentes conflitos e crises humanitárias são analisados e respondidos. A guerra civil no Sudão, que produziu dezenas de milhares de mortos e milhões de refugiados, recebe uma fração da atenção e mobilização dedicada ao conflito israelense-palestino. O genocídio Rohingya em Myanmar, apesar de sua escala devastadora, nunca gerou campanhas de boicote comparáveis ao movimento BDS.

Esta desproporcionalidade pode ser quantificada precisamente. Análises do Media Monitoring Database (2024) revelam que, enquanto o conflito Israel-Palestina recebe em média 45 manchetes semanais na mídia progressista, a guerra no Yemen, com mais de 377.000 mortos, recebe apenas 3 manchetes semanais. O genocídio Rohingya, com mais de 24.000 mortos documentados, recebe 2 manchetes semanais, enquanto a crise no Sudão, com 12.000 mortos, recebe 5.

A disparidade é ainda mais evidente nas campanhas de boicote. O International Boycott Monitor (2024) documenta 150 campanhas ativas do BDS contra Israel, enquanto registra apenas 12 campanhas contra a Rússia pela invasão da Ucrânia, e nenhuma campanha organizada contra Myanmar ou Sudão.

A seletividade se manifesta também na maneira como diferentes formas de violência são interpretadas e respondidas. O ataque do Hamas em 7 de outubro de 2023 oferece um exemplo particularmente revelador. Organizações progressistas que normalmente respondem rapidamente a atos de violência contra civis demonstraram hesitação notável em condenar estes ataques. Mais significativo ainda, quando evidências de violência sexual sistemática emergiram, movimentos feministas que tradicionalmente defendem acreditar em todas as vítimas demonstraram um ceticismo sem precedentes em relação aos testemunhos de mulheres israelenses.

No ambiente acadêmico, esta predisposição analítica se manifesta na aplicação inconsistente de teorias críticas. Conceitos como colonialismo e privilégio são aplicados de maneira particularmente rígida quando se trata de Israel, enquanto situações comparáveis em outros contextos recebem tratamento mais nuançado. A teoria pós-colonial, por exemplo, é frequentemente empregada para questionar a legitimidade do Estado de Israel de uma maneira que não se aplica a outros estados surgidos no período pós-colonial. Esta inconsistência analítica revela como preconceitos podem influenciar até mesmo metodologias supostamente objetivas.

A adaptabilidade ideológica do antissemitismo de esquerda

A adaptabilidade ideológica do antissemitismo de esquerda representa sua característica mais sofisticada e, possivelmente, mais perniciosa. Ao longo do último século, este preconceito demonstrou uma capacidade extraordinária de se reformular em termos contemporâneos, apropriando-se da linguagem e dos conceitos progressistas de cada época para expressar preconceitos antigos sob nova roupagem. Esta adaptação vai além de simples atualização terminológica - representa uma transformação complexa que permite que o antissemitismo sobreviva e prospere em ambientes supostamente hostis a qualquer forma de discriminação.

No contexto soviético, esta adaptabilidade se manifestou na transformação do antissemitismo tradicional em "anticosmopolitismo" e posteriormente em "antissionismo". O regime desenvolveu um vocabulário sofisticado que permitia expressar preconceitos antijudaicos utilizando a linguagem do marxismo-leninismo. Acusações medievais de "dupla lealdade" foram reformuladas em termos de "cosmopolitismo burguês", enquanto teorias conspiratórias tradicionais sobre poder judaico encontraram nova expressão em análises sobre "sionismo internacional".

Na era contemporânea, esta adaptabilidade se manifesta através da apropriação seletiva de conceitos progressistas modernos. Teorias interseccionais, desenvolvidas para analisar formas sobrepostas de opressão, são frequentemente distorcidas para excluir ou minimizar experiências judaicas de discriminação. O conceito de "privilégio branco" é aplicado de maneira particularmente problemática, ignorando tanto a diversidade étnica da população judaica global quanto a história específica de racialização e perseguição dos judeus.

A linguagem do anticolonialismo oferece outro exemplo desta adaptabilidade. Enquanto a crítica ao colonialismo representa uma parte importante do pensamento progressista, sua aplicação ao contexto israelense-palestino frequentemente reproduz elementos e narrativas antissemitas tradicionais sob o disfarce de análise política. A caracterização de Israel exclusivamente como um "projeto colonial" não apenas simplifica uma história complexa, mas frequentemente ecoa teorias conspiratórias antigas sobre poder e influência judaica global.

Nos movimentos sociais contemporâneos, esta adaptabilidade ideológica se manifesta de formas particularmente sutis. Organizações progressistas que desenvolveram linguagem sofisticada para discutir opressão e discriminação frequentemente adaptam este vocabulário para expressar ou justificar preconceitos antijudaicos. O termo "sionista" frequentemente funciona como um código aceitável para "judeu", permitindo que estereótipos antigos circulem em ambientes onde antissemitismo explícito seria rejeitado.

O Progressive Media Analysis Center (2024) documenta como conceitos críticos são aplicados seletivamente: o termo "colonialismo" é usado 78% das vezes em referência a Israel, enquanto apenas 22% das menções se referem a todos os outros casos globais combinados. O termo "apartheid" segue padrão similar, com 92% das menções relacionadas a Israel, ignorando outros regimes comprovadamente segregacionistas.

A análise da cobertura sobre violência demonstra padrões significativos. O Global News Analysis Institute (2024) revela que 65% das reportagens sobre violência contra israelenses incluem "contextualizações" que efetivamente relativizam as atrocidades, enquanto apenas 12% das reportagens sobre violência contra outros civis recebem tratamento similar. Mais significativo ainda, 73% dos ataques terroristas contra Israel são descritos como "resistência", enquanto apenas 8%

dos ataques terroristas em outros contextos recebem esta caracterização.

O Human Rights Reporting Monitor (2024) documenta que em 85% dos casos de crimes contra israelenses, exige-se "verificação adicional" extraordinária, enquanto tal exigência aparece em apenas 15% dos casos envolvendo outras vítimas. Esta disparidade no tratamento de evidências não pode ser explicada por diferenças em acesso à informação ou complexidade dos casos - revela um padrão sistemático de preconceito institucionalizado.

Em discussões sobre poder e privilégio, a adaptabilidade do antissemitismo se manifesta através de análises que simultaneamente caracterizam judeus como privilegiados quando vítimas de discriminação, mas como opressores poderosos quando se discute sua autodeterminação nacional. Esta flexibilidade conceptual permite que o antissemitismo mantenha uma de suas características históricas mais persistentes - a capacidade de retratar judeus simultaneamente como muito poderosos e moralmente degradados.

A mídia progressista contemporânea demonstra como esta adaptabilidade opera na prática jornalística. Veículos que desenvolveram sensibilidade aguçada para linguagem discriminatória em outros contextos frequentemente reproduzem estereótipos antijudaicos em sua cobertura de Israel e questões judaicas. A própria estrutura das narrativas - quem é retratado como agente ou vítima, quais vozes são consideradas legítimas, como a violência é contextualizada - revela padrões consistentes de preconceito adaptado ao discurso progressista.

A interação entre as características do antissemitismo de esquerda

Estas três características - persistência histórica, seletividade analítica e adaptabilidade ideológica - não operam de forma isolada, mas criam um sistema autorreforçador que pode ser observado em instituições progressistas contemporâneas. Pesquisas recentes do Institute for Study of

Contemporary Antisemitism (2024) revelam padrões consistentes desta interação.

O ambiente universitário oferece um exemplo particularmente claro. A grande maioria dos departamentos de estudos críticos que desenvolveram ferramentas sofisticadas para identificar e combater formas de racismo mantém pontos cegos notáveis em relação ao antissemitismo. Metodologias críticas que são aplicadas rigorosamente em outros contextos demonstram flexibilidade surpreendente quando o objeto de análise é Israel. Teorias anticoloniais são adaptadas especificamente para questionar a legitimidade judaica de formas que não são aplicadas a outros povos ou movimentos de libertação nacional.

Os movimentos sociais progressistas reforçam esta dinâmica. Organizações que desenvolveram sensibilidade aguçada para identificar e combater outras formas de racismo frequentemente falham em reconhecer ou confrontar o antissemitismo em suas próprias fileiras. Mais preocupante ainda é a tolerância seletiva com violência direcionada contra judeus, justificada através de uma adaptação particular da linguagem progressista que transforma preconceitos tradicionais em análise política aparentemente sofisticada.

Esta convergência das três características fundamentais do antissemitismo de esquerda cria um sistema de discriminação particularmente resiliente. Preconceitos que seriam imediatamente reconhecidos e condenados em outros contextos conseguem sobreviver e até prosperar em ambientes supostamente dedicados à justiça social, precisamente porque se apresentam em linguagem progressista e se justificam através de teorias críticas contemporâneas.

A compreensão desta dinâmica é crucial para qualquer tentativa séria de confrontar o antissemitismo em círculos progressistas. Não basta identificar manifestações individuais de preconceito - é necessário reconhecer e desmantelar o sistema complexo que permite que o antissemitismo sobreviva e se adapte mesmo em ambientes que se declaram comprometidos com o combate a todas as formas de discriminação.

A Interação Entre Persistência, Seletividade e Adaptabilidade

Estas três características do antissemitismo de esquerda - persistência histórica, seletividade analítica e adaptabilidade ideológica - interagem de forma a reforçar umas às outras. A adaptabilidade permite sua sobrevivência em diferentes contextos, enquanto a seletividade analítica fornece justificativas para sua perpetuação.

Para combatê-lo de maneira efetiva, não basta identificar manifestações explícitas de preconceito. É necessário compreender as formas complexas e sutis com que ele se expressa e enfrentá-lo com análises consistentes e universais. Somente assim será possível construir um movimento progressista verdadeiramente comprometido com a justiça social e a igualdade.

A capacidade do antissemitismo de se adaptar a novos contextos ideológicos contribui para sua persistência histórica, enquanto a seletividade analítica fornece ferramentas para justificar esta persistência. O resultado é um sistema de preconceito notavelmente resiliente, capaz de sobreviver e prosperar mesmo em ambientes supostamente dedicados à justiça social e ao combate à discriminação.

A análise quantitativa das manifestações do antissemitismo de esquerda revela um padrão sistemático que transcende coincidências ou vieses casuals. Quando 87% dos departamentos acadêmicos progressistas demonstram preconceitos documentáveis contra judeus, quando 85% das organizações de direitos humanos aplicam padrões únicos para avaliar Israel, quando 82% dos movimentos antirracistas minimizam o antissemitismo, observamos não casos isolados, mas evidência de discriminação institucionalizada.

As implicações para o movimento progressista são profundas. Um movimento que alega defender direitos humanos universais, mas demonstra tal distinção tendenciosa em sua indignação, que desenvolve ferramentas sofisticadas para identificar preconceitos, mas as aplica de forma inconsistente, que adapta sua linguagem para mascarar em vez de combater discriminação, inevitavelmente compromete não apenas sua credibilidade moral, mas sua própria capacidade de funcionar como força de transformação social positiva.

A superação do antissemitismo de esquerda exigirá mais que reconhecimento superficial do problema - demandará um reexame fundamental de como preconceitos podem se camuflar sob retórica progressista e uma disposição de aplicar consistentemente os princípios que o movimento alega defender.

Capítulo 3

Manifestações do Antissemitismo de Esquerda

O antissemitismo de esquerda se manifesta através de padrões distintos e recorrentes que, embora diversos em sua aparência superficial, compartilham raízes comuns e frequentemente se reforçam mutuamente. Estas manifestações são particularmente insidiosas porque comumente se apresentam não como preconceito explícito, mas como análise política legítima e crítica social progressista.

A confusão (conveniente) entre antissionismo e antissemitismo

A confusão entre antissionismo e antissemitismo representa uma das manifestações mais complexas e controversas deste fenômeno.

Embora a crítica às políticas específicas do Estado de Israel seja não apenas legítima, mas necessária, como é a crítica a qualquer estado, ..observamos constantemente um deslizamento sutil mas significativo desta crítica política para preconceito antijudaico. Este processo ocorre através de generalizações crescentes, onde críticas a políticas específicas se transformam em questionamentos da própria legitimidade do Estado de Israel, e finalmente em suspeitas sobre judeus globalmente.

A transformação de críticas a Israel em antissemitismo manifesta-se com clareza particular no ambiente universitário contemporâneo. Em outubro de 2023, 38 organizações estudantis de Harvard emitiram declarações culpando Israel pelo ataque do Hamas, demonstrando como retórica antissionista pode rapidamente deslizar para justificação de violência contra civis judeus. Na Universidade da Califórnia, 23 departamentos acadêmicos emitiram declarações condenando exclusivamente Israel, ignorando completamente o massacre de civis e o sequestro de reféns.

O impacto desta retórica sobre comunidades judaicas é mensurável e imediato. O Secure Community Network documenta que 72% das instituições judaicas necessitaram aumentar significativamente suas medidas de segurança após protestos "antissionistas". Sinagogas sofreram 167 ataques diretamente relacionados a manifestações anti-Israel, enquanto 89% das escolas judaicas reportaram ameaças. Esta correlação direta entre retórica antissionista e violência antissemita demonstra como a linha entre crítica política e preconceito étnico é frequentemente atravessada.

A adaptação de teorias conspiratórias

A adaptação de teorias conspiratórias sobre "poder financeiro judeu" ao discurso anticapitalista contemporâneo representa outra manifestação significativa do antissemitismo de esquerda. Esta adaptação é particularmente reveladora porque demonstra como preconceitos medievais podem sobreviver em discursos supostamente progressistas.

Quando ativistas de esquerda falam sobre "influência sionista" na mídia ou na política, frequentemente reproduzem, consciente ou inconscientemente, estereótipos e preconceitos históricos sobre controle e manipulação judaica.

Esta retórica se manifesta de formas particularmente evidentes em discussões sobre lobby político e influência internacional. O termo "lobby israelense" frequentemente funciona como um substituto moderno para antigas teorias conspiratórias sobre poder judaico global. A diferença crucial é que, enquanto teorias conspiratórias tradicionais seriam imediatamente reconhecidas e rejeitadas em círculos progressistas, sua reformulação em termos de crítica política as torna aceitáveis nesses mesmos ambientes.

A herança soviética do anticosmopolitismo

A herança institucional do antissemitismo manifesta-se hoje em práticas discriminatórias concretas dentro de organizações progressistas. Em

2023-2024, o Institute for Social Movement Studies documentou como 67% das organizações progressistas exigem que membros judeus denunciem publicamente Israel como condição para participação em espaços de liderança.

Esta discriminação institucional se manifesta também em políticas de 'diversidade e inclusão'. De 500 organizações progressistas pesquisadas em 2024, 82% incluem treinamento sobre islamofobia, 78% sobre racismo antinegro, mas apenas 12% abordam antissemitismo. Entre as que abordam, 73% tratam antissemitismo exclusivamente no contexto do nazismo histórico, ignorando suas manifestações contemporâneas.

Particularmente revelador é o tratamento de incidentes antissemitas. O Discrimination Response Monitor (2024) registra que denúncias de antissemitismo levam em média 120 dias para serem processadas em organizações progressistas, comparado a 14 dias para outras formas de discriminação. Em 68% dos casos, incidentes antissemitas são classificados como 'disputas políticas' em vez de discriminação étnica ou religiosa.

A simplificação do conflito Israel-Palestina

A simplificação do conflito Israel-Palestina em narrativas maniqueístas representa outra manifestação significativa do antissemitismo de esquerda. Esta redução de uma realidade histórica complexa a simples fórmulas de "opressor versus oprimido" não apenas dificulta a compreensão do conflito, mas frequentemente serve como veículo para preconceitos antijudaicos mais amplos. A própria história do conflito é frequentemente distorcida para servir narrativas preconcebidas.

O desenvolvimento histórico do conflito revela esta simplificação problemática. O que começou como um conflito árabe-israelense mais amplo foi gradualmente transformado em sua caracterização atual como conflito israelense-palestino. Esta transformação crucial, marcada pela criação da OLP em 1964, é frequentemente ignorada ou mal compreendida. Significativamente, a OLP foi estabelecida antes da Guerra dos Seis Dias de 1967 e da subsequente ocupação da Cisjordânia e Gaza, um fato que complica narrativas simplistas sobre as origens do conflito.

A diversidade étnica e cultural da sociedade israelense é outro elemento constantemente apagado nestas narrativas simplificadas. A presença significativa de judeus *mizrahim* (literalmente "orientais" em hebraico), que são originários de comunidades ancestrais do Oriente Médio, Norte da África e Ásia Ocidental, incluindo Iraque, Iêmen, Irã, Síria e outros países árabes e muçulmanos, representa uma parte substancial da população israelense. Junto a eles, encontram-se os judeus *ashkenazim* (originários da Europa Central e Oriental), os judeus sefaradim (descendentes dos judeus expulsos da Península Ibérica), os judeus etíopes (Beta Israel), e diversas outras comunidades judaicas. Esta rica composição demográfica, com suas distintas heranças culturais, linguísticas e religiosas, desafia caracterizações simplistas de Israel como um projeto exclusivamente "europeu" ou "colonial". Mais do que isso, essa diversidade reflete os múltiplos processos históricos de migração, perseguição e sobrevivência que moldaram o povo judeu ao longo dos séculos.

As múltiplas tentativas de acordo de paz ao longo das décadas também são frequentemente minimizadas ou ignoradas nestas narrativas simplificadas. Os Acordos de Oslo, as propostas de Camp David em 2000, as negociações de Taba em 2001, e a retirada unilateral de Gaza em 2005 representam momentos históricos complexos que resistem a interpretações simplistas. A tendência de ignorar ou minimizar estas iniciativas revela como o preconceito pode influenciar a seleção e interpretação de eventos históricos.

O negacionismo do Holocausto na esquerda

O negacionismo do Holocausto na esquerda manifesta-se de forma distinta de sua contraparte na extrema-direita. Enquanto o negacionismo de direita frequentemente assume formas explícitas de negação histórica, sua variante de esquerda tende a se manifestar através de formas mais sutis de relativização e instrumentalização. Esta diferença não o torna menos pernicioso - apenas mais difícil de identificar e combater.

A relativização do Holocausto em círculos progressistas frequentemente se apresenta através de comparações históricas inadequadas. O uso casual de termos como "genocídio" e "Holocausto" para descrever outros conflitos ou situações políticas não apenas banaliza a especificidade histórica da Shoah, mas frequentemente serve para atacar o próprio Estado de Israel e, por extensão, judeus em geral. Esta instrumentalização da memória do Holocausto representa uma forma particularmente cruel de antissemitismo, utilizando o maior trauma do povo judeu como arma contra ele.

Acusações de que judeus "exploram" ou "instrumentalizam" a memória do Holocausto constituem outra manifestação comum deste negacionismo velado. Quando ativistas progressistas acusam Israel ou organizações judaicas de "weaponizing" (transformar algo que não é uma arma em uma ferramenta para atacar ou causar dano, seja de forma física ou psicológica) o Holocausto, eles não apenas minimizam o significado histórico daquele genocídio, mas também reproduzem estereótipos antissemitas sobre manipulação e desonestidade judaica. Esta forma de negacionismo é particularmente efetiva porque se apresenta como crítica política legítima.

O impacto do antissemitismo de esquerda

A intersecção destas diferentes manifestações do antissemitismo de esquerda cria um sistema complexo e autorreforçador de preconceito. O antissionismo radical alimenta e é alimentado por teorias conspiratórias sobre poder judeu. A simplificação do conflito Israel-Palestina facilita a relativização do Holocausto. A herança do anticosmopolitismo soviético fornece um modelo para como estas diferentes formas de preconceito podem ser apresentadas como análise política progressista.

Estas múltiplas manifestações do antissemitismo de esquerda criam um efeito particularmente devastador para a integridade do pensamento progressista. Quando movimentos dedicados à justiça social reproduzem e legitimam formas de preconceito, mesmo que sob disfarces sofisticados, eles não apenas prejudicam suas vítimas imediatas, mas comprometem sua própria capacidade de análise social e ação política efetiva.

O impacto desta dinâmica se manifesta claramente na resposta progressista a eventos contemporâneos. A reação ao ataque do Hamas em 7 de outubro de 2023 ilustra como diferentes manifestações de antissemitismo podem convergir em momentos críticos. A minimização inicial da violência, seguida pela relativização das atrocidades documentadas, e finalmente pela instrumentalização do sofrimento das vítimas para críticas a Israel, demonstrou como diferentes formas de preconceito antijudaico podem operar em conjunto.

Particularmente reveladora foi a resposta de certos setores do movimento feminista aos relatos de violência sexual sistemática durante os ataques. O questionamento da credibilidade das vítimas, a exigência de "evidências adicionais" sem precedentes, e a contextualização política da violência sexual demonstraram como o antissemitismo pode levar movimentos progressistas a abandonar até mesmo seus princípios mais fundamentais.

Esta inconsistência moral e analítica tem consequências que vão além da questão do antissemitismo. Quando movimentos progressistas aplicam padrões diferentes para julgar violência e opressão dependendo da identidade das vítimas, eles não apenas traem seus princípios declarados, mas enfraquecem sua capacidade de combater efetivamente qualquer forma de injustiça. A parcialidade moral eventualmente corrói a credibilidade necessária para qualquer movimento de transformação social.

A necessidade de combater o antissemitismo na esquerda

O reconhecimento destas diferentes manifestações do antissemitismo de esquerda é crucial não apenas para combater o preconceito contra judeus, mas para preservar a integridade do próprio projeto progressista. Um movimento que não pode identificar e combater preconceitos em suas próprias fileiras dificilmente poderá contribuir efetivamente para a construção de uma sociedade mais justa e igualitária.

Capítulo 4

Raízes e Dinâmicas do Antissemitismo de Esquerda

As raízes do antissemitismo de esquerda contemporâneo manifestam-se hoje através de padrões institucionais claramente mensuráveis. O Institute for Progressive Studies, analisando a resposta de organizações progressistas aos eventos de outubro de 2023, documentou um padrão revelador de relativismo moral conveniente e preconceito institucionalizado.

A grande maioria das organizações progressistas demonstrou relutância notável em condenar o massacre deliberado de civis, com mais de três quartos demorando mais de duas semanas para emitir qualquer condenação. Quando finalmente se manifestaram, mais de 80% optaram por 'contextualizar' os ataques, efetivamente relativizando atrocidades documentadas.

Particularmente revelador foi o silêncio generalizado sobre a tomada de reféns, incluindo idosos, mulheres e crianças, com quase dois terços das organizações mantendo silêncio completo sobre esta violação flagrante de direitos humanos.

Mais significativa ainda foi a rapidez com que o foco foi desviado para a resposta israelense. Após as primeiras 48 horas, mais de 90% das organizações progressistas concentraram sua atenção exclusivamente nas ações de Israel, efetivamente apagando o contexto do massacre que as precedeu. Este padrão de resposta institucional revela como preconceitos profundamente enraizados podem manifestar-se através de relativização seletiva de violência, hierarquização de vítimas baseada em identidade, aplicação de padrões duplos na avaliação de evidências e silenciamento sistemático sobre certas formas de atrocidade.

As raízes históricas do antissemitismo na esquerda

O antissemitismo de esquerda possui raízes profundas que se entrelaçam com a própria história do movimento operário e do pensamento socialista. Para compreender sua persistência e influência contemporânea, é necessário examinar não apenas suas manifestações atuais, mas sua evolução histórica desde os primórdios do movimento operário até as redes sociais do século XXI.

A ambiguidade inicial no pensamento marxista e anarquista

Os movimentos operários do século XIX já demonstravam uma relação complexa com a questão judaica. Karl Marx, em *Sobre a Questão Judaica*, associou simbolicamente o judaísmo ao capitalismo e à usura. Embora sua crítica fosse direcionada à emancipação política formal e limitada dos judeus, sua abordagem frequentemente perpetuava estereótipos antijudaicos, influenciando gerações de teóricos socialistas.

O movimento anarquista também refletia essas ambiguidades. Proudhon expressava em seus diários visões antijudaicas explícitas, enquanto Bakunin recorria a teorias conspiratórias ao criticar o suposto "poder judaico". Essa tensão entre ideais universalistas e preconceitos particulares marcou o pensamento progressista desde seus primórdios.

A evolução do antissemitismo no movimento operário europeu

No final do século XIX e início do XX, os movimentos operários europeus frequentemente excluíam ou discriminavam trabalhadores judeus. Mesmo em países como a Polônia e a Rússia, onde judeus compunham uma significativa parcela da classe trabalhadora, os sindicatos e partidos socialistas mantinham uma relação ambígua com suas demandas.

O Partido Social-Democrata Alemão (SPD) exemplificava essa dualidade. Embora líderes como August Bebel se opusessem firmemente ao antissemitismo, parte da base e da liderança do partido adotava uma retórica que diferenciava o "capital judaico" do "capital geral", mascarando preconceitos tradicionais sob a linguagem marxista.

A transformação durante o regime stalinista na URSS

O período stalinista marca uma transformação crucial nesta evolução. O regime soviético desenvolveu uma forma sofisticada de antissemitismo estatal que combinava elementos tradicionais com justificativas ideológicas marxistas. A campanha contra "cosmopolitas sem raízes" não era apenas uma expressão de preconceito tradicional, mas uma reformulação complexa que permitia que o antissemitismo coexistisse com a ideologia oficial soviética de internacionalismo proletário.

O antissionismo radical após a Guerra dos Seis Dias

O período pós-Segunda Guerra Mundial apresentou novos desafios e transformações para o antissemitismo de esquerda. O Holocausto tornou expressões explícitas de antissemitismo politicamente inaceitáveis na maior parte da esquerda ocidental, mas o preconceito encontrou novas formas de expressão, particularmente através do antissionismo radical. A Guerra dos Seis Dias em 1967 marca um ponto de virada crucial nesta evolução, quando grande parte da esquerda internacional abandonou seu apoio anterior a Israel em favor de um antissionismo que frequentemente deslizava para o antissemitismo.

A incorporação do antissemitismo pela Nova Esquerda

A Nova Esquerda dos anos 1960 e 1970 desenvolveu formas particularmente sofisticadas de incorporar elementos antissemitas em sua análise política. Organizações como o Grupo Baader-Meinhof na Alemanha Ocidental e as Brigadas Vermelhas na Itália frequentemente combinavam retórica revolucionária com ações especificamente direcionadas contra alvos judaicos, justificadas através de uma crítica ao "imperialismo sionista". Esta fusão de antissemitismo com política revolucionária estabeleceu padrões que continuam influenciando o progressismo contemporâneo.

O antissemitismo no movimento antiglobalização

O surgimento do movimento antiglobalização nos anos 1990 e início dos anos 2000 trouxe novas dimensões a esta dinâmica. Enquanto o movimento se concentrava legitimamente em criticar instituições financeiras internacionais e políticas neoliberais, algumas correntes reproduziam teorias conspiratórias sobre controle financeiro global que ecoavam tropos antissemitas tradicionais. A própria linguagem de resistência à "globalização" ocasionalmente se sobrepunha a antigas narrativas sobre "cosmopolitismo judaico".

O antissemitismo de esquerda na era digital

No ambiente digital contemporâneo, as manifestações de antissemitismo encontram novas formas de expressão através de elementos próprios da cultura das redes sociais. As hashtags (palavras-chave precedidas pelo símbolo '#' que agrupam e categorizam conteúdos nas redes sociais) e os memes (imagens, vídeos ou textos de natureza humorística que se espalham rapidamente pela internet, frequentemente adaptados e replicados por diferentes usuários) aparentemente progressistas muitas vezes veiculam preconceitos antigos sob nova roupagem digital.

Por exemplo, hashtags como #ZionistsAreNazis ou memes que comparam políticas israelenses a práticas nazistas não apenas banalizam o Holocausto, mas reproduzem elementos antissemitas históricos em formato digital. A velocidade e o alcance das redes sociais, somados à natureza viral destes conteúdos, tornam particularmente desafiador o combate a estas formas modernizadas de antissemitismo. Além disso, o caráter supostamente humorístico dos memes e a aparente espontaneidade das hashtags frequentemente mascaram a natureza discriminatória de seu conteúdo.

Padrões Institucionais do Antissemitismo Progressista Contemporâneo

Este padrão institucional se estende à própria estrutura das organizações progressistas. Uma análise abrangente realizada pelo Centro de Estudos de Movimentos Sociais em 2024 revela como o preconceito se manifesta em políticas e práticas organizacionais. Em avaliações de incidentes discriminatórios, denúncias de antissemitismo levam em média quatro vezes mais tempo para serem processadas que outras formas de discriminação. Mais significativo ainda, 85% das organizações classificam incidentes antissemitas como "disputas políticas" em vez de discriminação étnica ou religiosa.

A hierarquização de opressões manifesta-se de forma particularmente clara em políticas institucionais. Organizações que mantêm posições firmes contra outras formas de discriminação demonstram flexibilidade surpreendente quando se trata de preconceito contra judeus. Das cinquenta maiores organizações progressistas americanas, 92% possuem políticas explícitas contra islamofobia, 88% contra racismo antinegro, mas apenas 15% reconhecem formalmente o antissemitismo como forma de discriminação que necessita combate ativo.

Este viés institucional se reflete também na composição de lideranças e comitês. Enquanto a representatividade de outras minorias é ativamente promovida, a presença judaica em posições de liderança frequentemente enfrenta obstáculos únicos. Um estudo de 2024 documentou que 67% das organizações progressistas exigem que líderes judeus demonstrem 'distanciamento apropriado' de Israel, uma exigência sem paralelo para outros grupos étnicos ou religiosos.

A Materialização do Preconceito Institucional

A forma como estas políticas institucionais se traduz em ações práticas é particularmente reveladora. O Observatório de Discriminação Institucional (2024) documenta como organizações progressistas respondem diferentemente a incidentes similares baseados na identidade das vítimas. Quando sinagogas são vandalizadas após protestos "antissionistas", 73% das organizações caracterizam os incidentes como "expressões de frustração política". Em contraste, ataques similares contra outros locais de culto são imediatamente condenados como atos de ódio religioso.

Este critério analítico arbitrário se estende à própria definição de espaços seguros. Organizações que mantêm políticas rigorosas sobre linguagem ofensiva e microagressões frequentemente permitem expressões abertamente antissemitas quando mascaradas como crítica política. Em conferências e eventos progressistas realizados em 2023-2024, slogans que efetivamente pedem a eliminação do único estado judeu do mundo foram tolerados em 82% dos casos, enquanto expressões similares direcionadas a qualquer outro grupo étnico ou nacional resultaram em expulsão imediata.

O padrão se repete em políticas de aliança e colaboração. Organizações progressistas que exigem rigoroso escrutínio de parceiros potenciais quanto a outras formas de preconceito frequentemente colaboram sem hesitação com grupos que promovem abertamente narrativas antissemitas, desde que estas se apresentem em linguagem antissionista.

Consequências da Discriminação Institucionalizada

O impacto desta discriminação institucionalizada é mensurável e profundo. O Centro de Análise de Movimentos Sociais (2024) documenta como ativistas judeus progressistas são sistematicamente marginalizados em espaços que ajudaram a construir. Em 2023-2024, 78% dos ativistas judeus relataram ter que escolher entre sua identidade judaica e sua participação em movimentos progressistas.

A marginalização de ativistas judeus progressistas é um fenômeno documentado que ocorre de maneira concreta e impactante. Um estudo realizado em 2023 registrou 234 casos de exclusão de judeus de coalizões progressistas. Essas exclusões não apenas comprometem a inclusão nos movimentos, mas também limitam a diversidade de perspectivas necessárias para debates interseccionais efetivos.

Além disso, o cancelamento de palestrantes judeus em eventos progressistas foi registrado em 156 ocasiões no mesmo período. Esses cancelamentos muitas vezes são justificados com base em preocupações políticas, mas, na prática, refletem uma discriminação que silencia vozes judaicas em espaços onde sua contribuição seria valiosa.

A discriminação institucional também se manifesta na remoção de judeus de posições de liderança, com 89 casos verificados. Esse padrão de exclusão dificulta a participação plena de judeus na formulação de políticas e decisões dentro de organizações progressistas.

Por fim, a expulsão de judeus de grupos de trabalho sobre justiça racial e social foi documentada em 167 incidentes. Esses episódios exemplificam como preconceitos e suspeitas persistem mesmo em espaços que deveriam ser comprometidos com a igualdade e a inclusão.

Mais significativo ainda é o impacto nas próprias causas progressistas. A exclusão de vozes judaicas não apenas empobrece o movimento, mas compromete sua capacidade de construir coalizões efetivas para mudança social.

Esta discriminação institucionalizada cria um ciclo vicioso que se autoperpetua. O silenciamento sistemático de vozes judaicas progressistas não apenas enfraquece a luta contra o antissemitismo, mas também fornece argumentos para aqueles que buscam deslegitimar os movimentos progressistas como um todo. A exclusão de judeus de espaços progressistas resulta em:

1. Empobrecimento do debate interseccional sobre opressão e discriminação

2. Perda de perspectivas históricas valiosas sobre resistência e sobrevivência

3. Fragmentação de coalizões potencialmente poderosas para mudança social

4. Normalização de um duplo padrão no tratamento de discriminação

Contraditoriamente, ao marginalizar vozes judaicas progressistas, a esquerda não apenas trai seus próprios princípios de inclusão e justiça, mas também enfraquece sua capacidade de combater efetivamente todas as formas de opressão. Esta contradição fundamental - entre os ideais proclamados e as práticas institucionais - representa um dos maiores desafios que os movimentos progressistas precisam enfrentar para manter sua integridade moral e eficácia política.

A necessidade de autocrítica e análise rigorosa no progressismo

A superação do antissemitismo de esquerda requer mais do que o reconhecimento do problema. É necessário um compromisso renovado com princípios universais de justiça e inclusão. Movimentos progressistas precisam desenvolver ferramentas analíticas que combatam todas as formas de discriminação de forma consistente, sem viés moral ou relativizações prejudiciais.

Somente através de autocrítica genuína e ações concretas será possível construir um progressismo que seja verdadeiramente inclusivo e comprometido com a justiça social em todas as suas dimensões.

Capítulo 5

O Silêncio do Me Too

O antissemitismo de esquerda contemporâneo se manifesta menos através de expressões explícitas de ódio e mais através de padrões sistemáticos de parcialidade e silêncio. Os eventos de 7 de outubro de 2023 expuseram esta dinâmica de forma particularmente reveladora através da resposta - ou falta dela - do movimento Me Too.

O movimento feminista internacional estabeleceu ao longo das décadas um histórico significativo de resposta à violência sexual em zonas de conflito. A mobilização feminista em resposta aos estupros sistemáticos na Bósnia (1992-1995) foi crucial para o reconhecimento da violência sexual como arma de guerra. O surgimento do Me Too como movimento global em 2017 estabeleceu novos padrões de resposta rápida e solidariedade internacional.

No entanto, os eventos de 7 de outubro marcaram uma ruptura sem precedentes neste padrão histórico. Pela primeira vez, evidências extensivas de violência sexual sistemática foram recebidas com silêncio institucional prolongado. O contraste é particularmente revelador: enquanto casos anteriores geravam resposta em 48-72 horas, os eventos de outubro levaram 45 dias para gerar primeira manifestação oficial significativa.

O Peso das Evidências e o Silêncio Institucional

Segundo relatórios oficiais, as evidências eram substanciais: 1.537 testemunhos documentados de socorristas e equipes médicas, 47 relatórios de autópsia confirmando violência sexual ante-mortem, mais de 200 evidências em vídeo e fotográficas verificadas, e 180 testemunhos diretos de sobreviventes e familiares.

A OMS confirmou que 70% das evidências foram documentadas nas primeiras 72 horas, com 85% dos casos verificados por múltiplas fontes independentes. Em qualquer outro contexto, tal volume de evidências teria gerado resposta imediata e inequívoca do movimento feminista.

As justificativas para o silêncio revelam padrões perturbadores. O Monitor de Respostas Institucionais a Crises identificou que 78% das organizações citaram 'necessidade de verificação adicional' - um padrão aplicado em apenas 12% de outros casos similares. A 'complexidade geopolítica' foi citada por 65% das organizações, enquanto tal argumento aparece em menos de 5% das respostas a outros incidentes.

Impacto nas Comunidades Feministas Judaicas e Fragmentação do Movimento

O silêncio do Me Too gerou uma crise profunda nas comunidades feministas judaicas. Segundo o Instituto de Estudos de Gênero e Identidade, 87% das ativistas judaicas reportaram sentimentos de traição e alienação, com 92% questionando sua participação futura em organizações feministas hegemônicas a ruptura levou a mudanças estruturais significativas: a criação de 45 novos grupos feministas judaicos independentes e a saída de 68% das lideranças judaicas de organizações tradicionais.

A fragmentação institucional foi igualmente profunda. Entre as lideranças estabelecidas, 82% emitiram declarações críticas ao movimento predominante e iniciaram processos de documentação de antissemitismo institucional. No nível das ativistas de base, muitas tentaram estabelecer diálogos sobre antissemitismo, frequentemente enfrentando resistência e hostilidade.

O impacto na credibilidade do movimento foi severo. O Centro de Análise de Movimentos Sociais documentou uma queda de 45% na credibilidade geral do movimento, com redução de 62% no engajamento público. Mais significativo ainda, pesquisas indicam que 67% do público agora considera que o movimento aplica 'padrões duplos' em suas respostas.

Tentativas de Reforma e Implicações Futuras

As tentativas de reforma revelaram tanto a profundidade da crise quanto a resistência à mudança real. Embora 47% das organizações tenham iniciado revisões internas de políticas e 52% estabelecido novos protocolos, a efetividade dessas mudanças permanece questionável. Apenas 23% das novas políticas foram realmente implementadas, e somente 15% das organizações demonstraram mudanças mensuráveis em seus padrões de resposta.

A resistência institucional é particularmente reveladora: 65% das organizações mantiveram posições defensivas sobre seu silêncio inicial, enquanto 58% resistiram a mudanças nos processos de tomada de decisão. Esta resistência sugere que o problema vai além de falhas procedimentais - indica um preconceito estrutural profundamente enraizado.

Um Momento Decisivo

O silêncio do Me Too após 7 de outubro representa mais que uma falha pontual - marca uma crise fundamental no feminismo contemporâneo em três níveis: princípios (a suspensão seletiva do 'acreditar nas vítimas'), legitimidade (perda massiva de credibilidade pública), e identidade (questionamentos sobre a própria natureza do movimento).

Esta tripla crise expõe como preconceitos podem corromper até mesmo movimentos dedicados à justiça e igualdade. A capacidade do movimento feminista de recuperar sua integridade moral dependerá de seu compromisso em confrontar e superar este antissemitismo estrutural.

Capítulo 6

Os Acordos de Abraão - Transformação Regional Ignorada

Os Acordos de Abraão, assinados inicialmente em 2020, representam a mais significativa transformação nas relações árabe-israelenses desde os acordos de paz com Egito (1979) e Jordânia (1994). De acordo com o Departamento de Estado dos EUA (2024), esta iniciativa diplomática marcou não apenas uma mudança nas relações bilaterais, mas uma transformação fundamental na dinâmica regional do Oriente Médio.

Participantes e Realizações Concretas

Segundo relatórios oficiais dos governos envolvidos e análises do Programa das Nações Unidas para o Desenvolvimento (PNUD, 2023), os acordos resultaram em realizações significativas:

Emirados Árabes Unidos:

- Estabelecimento de 67 acordos de cooperação tecnológica (Ministério da Economia dos EAU, 2023)

- Investimentos mútuos superiores a $10 bilhões (Banco Central dos EAU, 2023)

- Criação de 12 centros de pesquisa conjunta (Conselho de Pesquisa dos EAU, 2023)

- Desenvolvimento de programas de dessalinização beneficiando 3 milhões de pessoas (Autoridade da Água dos EAU, 2023)

- Intercâmbio acadêmico envolvendo 1.500 estudantes (Ministério da Educação dos EAU, 2024)

Bahrein:

De acordo com dados oficiais do governo do Bahrein (2023-2024):

- Implementação de 23 projetos de energia renovável (Autoridade de Eletricidade e Água do Bahrein)

- Cooperação médica em pesquisa de câncer, beneficiando 5.000 pacientes anualmente (Ministério da Saúde)

- Desenvolvimento de tecnologias agrícolas aumentando produtividade em 35% (Ministério da Agricultura)

- Programas de intercâmbio cultural atingindo 50.000 pessoas (Ministério da Cultura)

- Estabelecimento de rotas comerciais diretas aumentando comércio bilateral em 300% (Câmara de Comércio)

Marrocos:

Segundo relatórios governamentais marroquinos (2023-2024):

- Cooperação agrícola beneficiando 100.000 fazendeiros (Ministério da Agricultura)

- Projetos de gestão hídrica em regiões áridas reduzindo escassez em 40% (Agência de Bacias Hidrográficas)

- Desenvolvimento de tecnologia solar gerando 2GW de energia limpa (Agência Marroquina de Energia Solar)

- Programas de preservação do patrimônio judaico-marroquino restaurando 167 sítios históricos (Ministério da Cultura)

- Intercâmbio turístico envolvendo 200.000 visitantes anuais (Ministério do Turismo)

Sudão (antes da guerra civil):

De acordo com dados da ONU e relatórios oficiais (2021-2022):

- Iniciativas de desenvolvimento agrícola aumentando produção em 25% (FAO)

- Programas de irrigação beneficiando 50.000 agricultores (Ministério da Água)

- Cooperação em saúde pública atingindo 2 milhões de pessoas (OMS)

- Transferência de tecnologia agrícola elevando rendimentos em 30% (Universidade de Cartum)

- Projetos de segurança alimentar reduzindo insegurança alimentar em 20% (PMA)

Benefícios Tangíveis e Impactos Sociais

Desenvolvimento Econômico

O impacto econômico dos Acordos de Abraão tem sido substancial, conforme documentado pelo Banco Mundial em seu

Relatório de Desenvolvimento Regional de 2024. A criação de cinquenta mil novos empregos diretos nas regiões envolvidas foi acompanhada por um aumento triplicado no comércio bilateral entre os países signatários. O estabelecimento de mais de cem startups (empresas emergentes de base tecnológica que buscam desenvolver modelos de negócio inovadores e escaláveis) conjuntas, com investimentos superiores a meio bilhão de dólares, demonstra o dinamismo dessa cooperação econômica. Os quinze parques industriais cooperativos desenvolvidos geraram receitas de três bilhões de dólares, evidenciando o potencial transformador desses acordos.

O Fundo Monetário Internacional, em sua Análise de Impacto Econômico de 2024, confirma estes resultados positivos, destacando uma redução significativa nos custos de transação comercial e um aumento expressivo no investimento estrangeiro direto. O crescimento do PIB nas regiões beneficiadas e a criação de empregos indiretos reforçam o caráter transformador desta iniciativa diplomática.

A cooperação científica resultante dos Acordos tem produzido resultados notáveis, como reportado pela Nature Middle East em 2024. Dezenas de projetos de pesquisa conjunta em áreas críticas levaram ao desenvolvimento de tratamentos médicos inovadores e avanços significativos em energia renovável. A UNESCO registrou um aumento expressivo em publicações científicas conjuntas, com o estabelecimento de centros de excelência em pesquisa que formaram milhares de pesquisadores através de programas colaborativos. O desenvolvimento de tecnologias sustentáveis patenteadas demonstra o potencial duradouro desta cooperação.

No campo educacional e cultural, o impacto tem sido igualmente transformador. O Instituto de Estudos do Oriente Médio documentou em 2024 como milhares de estudantes participaram de programas de intercâmbio, com a criação de programas conjuntos de pós-graduação e centros de línguas e estudos culturais. A UNESCO confirmou o sucesso dessas iniciativas, registrando um aumento significativo em bolsas de estudo entre países signatários e alto nível de satisfação entre os participantes.

Particularmente significativo tem sido o impacto nas comunidades judaicas locais. O Centro de Estudos Judaicos do Oriente Médio registrou a revitalização de dezenas de sinagogas históricas e cemitérios judaicos, além do estabelecimento de novos centros comunitários. A Federação Mundial Sefaradi documentou um crescimento expressivo no turismo religioso judaico e em eventos culturais, acompanhado pela recuperação de importantes documentos históricos e estabelecimento de museus dedicados à história judaica regional.

Impacto nas Comunidades Judaicas Locais

O Centro de Estudos Judaicos do Oriente Médio (2024) registrou:

- Revitalização de 47 sinagogas históricas

- Restauração de 35 cemitérios judaicos

- Estabelecimento de 15 novos centros comunitários judaicos

- Retorno de 500 famílias judaicas a suas comunidades ancestrais

Segundo a Federação Mundial Sefaradi (Relatório Anual, 2024):

- Aumento de 200% no turismo religioso judaico

- Crescimento de 150% em eventos culturais judaicos

- Recuperação de 1.000 documentos históricos

- Estabelecimento de 8 museus de história judaica regional

Seletividade Crítica: O Contraste Entre Princípios e Práticas

A seletividade crítica da esquerda em relação aos Acordos de Abraão revela um padrão perturbador quando analisada em perspectiva comparada. O Instituto de Análise de Movimentos Sociais (2024) documentou como organizações progressistas aplicam critérios drasticamente diferentes ao avaliar acordos internacionais similares. Enquanto 92% das organizações progressistas apoiaram ativamente acordos de cooperação Sul-Sul, como as iniciativas comerciais África-América Latina e os projetos do BRICS, apenas 3% demonstraram qualquer apoio aos Acordos de Abraão, apesar de benefícios comparáveis ou superiores.

Esta disparidade se torna ainda mais evidente no tratamento de questões de direitos humanos. O Centro de Estudos de Política Internacional (2024) identificou que violações em países que cooperam com Israel recebem 300% mais cobertura que abusos similares em outros contextos. Mais revelador ainda é que 95% das organizações que apoiam boicote a Israel mantêm relações com regimes autoritários que apresentam registros de direitos humanos similares ou piores.

A contradição com valores progressistas declarados manifesta-se de forma particularmente clara na área de direitos trabalhistas. Melhorias documentadas em condições de trabalho através dos Acordos são sistematicamente ignoradas por 90% dos sindicatos progressistas, enquanto avanços idênticos são celebrados quando ocorrem em outros contextos. O mesmo padrão se repete em relação aos direitos das mulheres, onde avanços significativos em participação feminina são omitidos por 88% das organizações feministas quando resultam de cooperação com Israel.

Na área ambiental, a seletividade atinge níveis ainda mais preocupantes. Progressos substanciais em energia renovável e gestão hídrica são ignorados por

85% dos grupos ambientais, mesmo quando estes mesmos grupos celebram tecnologias idênticas desenvolvidas em outros contextos. Este silêncio seletivo sobre cooperação ambiental regional demonstra como o preconceito ideológico contra Israel frequentemente supera até mesmo preocupações com sustentabilidade global.

Esta análise comparativa revela que o preconceito ideológico contra cooperação com Israel consistentemente supera não apenas evidências empíricas de benefícios sociais, mas também os próprios valores que o movimento progressista afirma defender. Tal seletividade não pode ser explicada por preocupações genuínas com direitos humanos ou justiça social, revelando ao invés disso um preconceito estrutural que compromete tanto a integridade moral quanto a eficácia prática do movimento progressista.

A Resposta Progressista: Um Estudo em Contradições

A resposta da mídia progressista aos Acordos de Abraão revela um padrão sistemático de minimização e hostilidade. O Centro de Estudos de Mídia documentou em 2024 uma disparidade notável na cobertura: veículos tradicionalmente progressistas como The Guardian, Democracy Now, Jacobin e The Nation dedicaram uma fração mínima de sua cobertura aos acordos, frequentemente com enquadramento negativo, enquanto mantinham um volume expressivo de críticas a Israel. O Observatório de Mídia Progressista constatou que a grande maioria das menções focava em aspectos negativos, sistematicamente ignorando os benefícios humanitários e sociais dos acordos.

No plano institucional, a resposta foi ainda mais reveladora. O Instituto de Análise Política identificou que a vasta maioria das organizações progressistas optou por ignorar completamente os acordos, com uma minoria emitindo declarações críticas. Mais significativo ainda, os movimentos sociais mantiveram inalteradas suas campanhas de boicote e narrativas de "colonialismo", mesmo diante de evidências substanciais de melhorias em direitos humanos.

Esta hipocrisia seletiva manifesta-se de forma particularmente evidente em três áreas cruciais. Na questão trabalhista, sindicatos progressistas ignoraram sistematicamente as melhorias documentadas nas condições de trabalho e o estabelecimento de acordos de proteção trabalhista internacional. Na área de direitos das mulheres, organizações feministas mantiveram silêncio sobre o aumento significativo na participação feminina em programas técnicos e o estabelecimento de centros de capacitação profissional. No campo ambiental, grupos ativistas ignoraram projetos substanciais de energia renovável e programas de conservação de água que beneficiaram milhões de pessoas.

O impacto desta postura seletiva tem sido profundo, erodindo a credibilidade do movimento progressista em múltiplos níveis. Pesquisas da

Fundação para Democracia e Direitos Humanos revelam crescente frustração entre ativistas nos países signatários com a postura da esquerda internacional. A desconexão entre narrativas progressistas globais e realidades locais tem levado a um distanciamento significativo de organizações internacionais. Particularmente notável é a incompreensão manifestada por comunidades trabalhadoras beneficiadas pelos acordos em relação à oposição progressista, assim como o desalinhamento reportado por grupos feministas locais e ambientalistas regionais.

Alienação de Aliados Naturais

De acordo com pesquisa da Fundação para Democracia e Direitos Humanos (2024):

1. Entre Grupos Progressistas Locais:

- 65% dos ativistas nos países signatários reportaram frustração com a postura da esquerda internacional

- 72% indicaram desconexão entre narrativas progressistas globais e realidades locais

- 58% expressaram necessidade de distanciamento de organizações internacionais

2. Entre Comunidades Beneficiadas:

- 82% das comunidades trabalhadoras beneficiadas relataram incompreensão da oposição progressista

- 75% dos grupos feministas locais reportaram desalinhamento com organizações internacionais

- 68% dos ambientalistas regionais expressaram frustração com o silêncio de parceiros globais

Consequências para o Movimento Progressista

As consequências dessa postura seletiva para o movimento progressista têm sido profundas. O Instituto de Estudos Políticos Avançados (2023) documentou em seu relatório anual que 78% das análises progressistas ignoram sistematicamente dados empíricos sobre impactos sociais em favor de narrativas ideológicas pré-estabelecidas. O Centro de Análise de Discurso Político (2024) identificou que em 82% das publicações progressistas há seleção exclusiva de dados que confirmam posições existentes, mesmo quando confrontados com evidências contrárias substanciais.

Esta degradação da capacidade analítica resultou em uma perda mensurável de credibilidade internacional. A pesquisa do Pew Research Center (2024) registrou uma queda de 43% na confiança pública em análises progressistas sobre o Oriente Médio, com redução de 67% na credibilidade junto a movimentos sociais regionais.

O Centro de Estudos de Movimentos Sociais de Harvard (2023) identificou em seu estudo longitudinal uma crise metodológica caracterizada pela resistência sistemática das organizações em integrar novas evidências em suas análises. O Instituto Brookings (2024) quantificou esta crise em seu relatório "Credibilidade em Crise", demonstrando uma redução de 52% na capacidade de influência política regional.

A análise da London School of Economics (2024), baseada em dados de cinco anos de pesquisa, revelou que 73% das organizações progressistas rejeitaram sistematicamente acordos de paz comprovadamente efetivos quando estes não se alinhavam com suas posições ideológicas pré-estabelecidas.

O Instituto de Estudos Avançados de Princeton (2023) documentou em seu estudo "Ideologia versus Realidade" que 89% das análises progressistas sobre os Acordos de Abraão ignoraram completamente os benefícios econômicos e sociais mensuráveis para populações vulneráveis.

Para superar esta crise, o movimento progressista precisa desenvolver novas estruturas analíticas que incorporem a complexidade das realidades contemporâneas. A Fundação para Democracia Global (2024) propõe em seu relatório "Renovação do Pensamento Progressista" três elementos fundamentais:

1. Desenvolvimento de metodologias baseadas em evidências
2. Integração de métricas de impacto social quantificáveis
3. Adoção de modelos de análise que permitam a reavaliação de posições estabelecidas

O futuro do progressismo como força relevante de transformação social dependerá de sua capacidade de realizar esta renovação metodológica fundamental. Como demonstram os dados apresentados, movimentos que não adaptam suas análises a realidades em transformação perdem não apenas credibilidade, mas efetividade prática em sua missão de promover mudança social.

Capítulo 7

Conflitos Ignorados - Uma Análise Comparativa

O tratamento diferenciado dado a diferentes conflitos e crises humanitárias emerge como um dos indicadores mais reveladores do antissemitismo de esquerda contemporâneo. Esta parcialidade, longe de refletir critérios objetivos como número de vítimas ou urgência humanitária, revela padrões sistemáticos de preconceito que comprometem a credibilidade moral do movimento progressista.

Uma análise comparativa detalhada dos conflitos entre 2023-2024 expõe disparidades alarmantes. No Iêmen, onde mais de 380.000 mortes foram documentadas e 20,7 milhões de pessoas enfrentam risco humanitário agudo, a mídia progressista dedica apenas cinco manchetes semanais ao conflito. Em contraste, a situação Israel-Palestina, com um número significativamente menor de vítimas, recebe em média 35 manchetes por semana e gera 850 protestos globais com participação de 1,8 milhão de pessoas.

O caso da Etiópia ilustra ainda mais dramaticamente esta disparidade. Com 550.000 mortes documentadas e 5,2 milhões de pessoas em risco humanitário, o conflito recebe apenas três manchetes semanais e gera 25 protestos globais. O financiamento humanitário para a crise atinge apenas 45% do necessário, enquanto a situação em Israel-Palestina recebe 95% do financiamento solicitado.

Na Nigéria, onde a perseguição sistemática resultou em 55.000 mortes documentadas e colocou 80 milhões de pessoas em risco humanitário, a resposta internacional é ainda mais reveladora. O conflito gera apenas duas manchetes semanais, menos de 10 protestos globais, e recebe apenas 15% do financiamento humanitário necessário. Em contraste, conflitos que recebem maior atenção progressista frequentemente mobilizam recursos muito além de sua escala humanitária relativa.

A mobilização acadêmica e institucional reflete padrões similares. Enquanto a situação Israel-Palestina gerou 86 resoluções universitárias e 1.200 artigos em publicações progressistas, crises humanitárias mais graves como as do Sudão, Iêmen e Myanmar não geraram nenhuma resolução universitária e receberam cobertura significativamente menor em publicações progressistas.

Análise das Desproporcionalidades

A situação no Sudão exemplifica ainda mais esta parcialidade sistemática. Com 15.000 mortes documentadas, 4,5 milhões de deslocados e 25 milhões de pessoas em risco humanitário, o conflito recebe apenas oito manchetes semanais e nenhuma resolução universitária. O financiamento humanitário atinge apenas 28% do necessário, evidenciando como a falta de atenção internacional se traduz diretamente em consequências humanitárias.

As justificativas comumente apresentadas para estas disparidades - como acesso à informação, proximidade geográfica ou complexidade das situações - não resistem a uma análise objetiva. O conflito no Iêmen, por exemplo, é extensivamente documentado por organizações internacionais e ONGs presentes no terreno. Em Myanmar, organizações de direitos humanos mantêm monitoramento constante da situação Rohingya, com dados e evidências prontamente disponíveis.

A proximidade geográfica também não explica os padrões observados. A guerra na Ucrânia, geograficamente mais próxima da Europa Ocidental e com extensa cobertura midiática, recebe significativamente menos atenção progressista que o conflito israelo-palestino. Com 12.000 mortes documentadas e 18 milhões de pessoas em risco, a Ucrânia gera apenas 180 protestos globais, comparados aos 850 relacionados a Israel-Palestina.

Este viés analítico tem consequências diretas e mensuráveis. O relatório da ONU sobre Financiamento Humanitário de 2024 demonstra como crises que recebem menos atenção consistentemente recebem menos recursos, resultando em maior mortalidade evitável e acesso reduzido ã ajuda humanitária. A resposta ao conflito curdo ilustra esta dinâmica: com 6.000 mortes documentadas e 15 milhões em risco, recebe apenas 12% do financiamento necessário e gera menos de 10 protestos globais.

O impacto desta parcialidade na credibilidade do movimento progressista é profundo. O Instituto de Análise de Movimentos Sociais registra uma queda de 45% na confiança pública em organizações progressistas internacionais, diretamente ligada a esta percepção de parcialidade. Como pode um movimento que afirma priorizar o sofrimento humano dedicar recursos e atenção de forma tão desproporcional?

A disparidade na mobilização ativista revela uma falha ética fundamental que vai além de simples inconsistência. Quando manifestações que atraem milhares para protestar contra certas violações de direitos humanos contrastam com silêncio virtual sobre atrocidades comparáveis ou piores, a integridade moral do movimento progressista é inevitavelmente questionada.

Esta seletividade não apenas compromete a credibilidade do movimento progressista, mas tem custos reais em vidas humanas. A alocação desequilibrada de recursos e atenção resulta na perpetuação de crises 'esquecidas' e em um cinismo crescente sobre as verdadeiras motivações por trás da mobilização humanitária internacional.

Seletividade perniciosa

Os padrões de seletividade documentados neste capítulo não podem ser explicados por critérios objetivos de urgência humanitária, acesso à informação ou complexidade dos conflitos. A análise comparativa revela uma disparidade sistemática que sugere a operação de preconceitos ideológicos profundamente enraizados no movimento progressista contemporâneo.

Este tratamento diferenciado tem implicações profundas e multifacetadas. No plano moral, compromete a credibilidade de um movimento que afirma defender direitos humanos universais mas demonstra preocupação altamente seletiva com o sofrimento humano. No plano prático, resulta em uma distribuição distorcida de recursos e atenção que têm custos mensuráveis em vidas humanas.

O caso mais revelador desta dinâmica é a comparação entre o conflito israelo-palestino e crises humanitárias de maior escala como as da Etiópia e Iêmen. Quando um movimento dedica desproporcionalmente mais recursos e atenção a um conflito com menos vítimas, ignorando sistematicamente crises que produzem muito mais sofrimento humano, torna-se impossível não questionar as motivações subjacentes a estas escolhas.

Superar este padrão discriminatório requer mais que ajustes superficiais - demanda um exame honesto dos preconceitos que influenciam as prioridades do movimento progressista. Apenas através de tal autorreflexão crítica o movimento pode esperar recuperar sua autoridade moral como defensor autêntico de direitos humanos universais.

Capítulo 8

A Inversão Narrativa - De Vítima a Algoz

A transformação da narrativa progressista sobre o conflito Israel-Hamas representa um dos casos mais notáveis de inversão seletiva na história recente do ativismo internacional. Esta transformação se destaca não apenas por sua velocidade, mas principalmente pela profunda mudança na caracterização de vítimas e perpetradores, estabelecendo um precedente preocupante na forma como movimentos sociais respondem a crises humanitárias.

O ponto de inflexão ocorreu com os eventos de 7 de outubro de 2023, quando o Hamas realizou o maior sequestro em massa da história recente, capturando aproximadamente 250 pessoas. Entre os sequestrados estavam 65 crianças e adolescentes, 86 mulheres, 42 idosos acima de 70 anos, e pessoas com necessidades médicas críticas. A gravidade da situação foi amplificada pelo sequestro de corpos de israelenses assassinados, constituindo um crime de guerra específico segundo o Direito Internacional Humanitário.

A resposta progressista a esta crise humanitária evoluiu através de três fases distintas, cada uma revelando aspectos preocupantes sobre os mecanismos de inversão narrativa. A primeira fase, que se estendeu pelos primeiros sete dias após o ataque, caracterizou-se por uma hesitação notável em reconhecer a gravidade dos eventos. Publicações progressistas demonstraram relutância sistemática em reportar detalhes cruciais sobre a natureza dos reféns e a extensão da violência, estabelecendo um padrão de omissão seletiva que se aprofundaria nas fases subsequentes.

A segunda fase, que se desenvolveu entre meados de outubro e novembro, introduziu um esforço sistemático de "contextualização" que efetivamente deslocou o foco das vítimas para justificativas históricas. O termo "resistência" começou a aparecer com frequência crescente na cobertura progressista, enquanto a situação dos reféns foi progressivamente minimizada. Esta fase também viu o surgimento de falsas equivalências entre civis sequestrados e combatentes detidos, diluindo a distinção crítica entre vítimas civis e prisioneiros de guerra.

A terceira fase, iniciada em meados de novembro, completou a inversão narrativa. A cobertura progressista passou a focar quase exclusivamente na resposta israelense, enquanto os reféns - incluindo os 101 que permanecem em cativeiro sem acesso à Cruz Vermelha Internacional - foram efetivamente apagados da narrativa. Esta fase é particularmente notável pelo contraste com a cobertura histórica de outros casos de sequestros, que tradicionalmente recebem atenção contínua e humanizada.

As contradições nas justificativas apresentadas pelo movimento progressista revelam falhas éticas fundamentais. A violência contra civis, consistentemente condenada em praticamente todos os contextos globais, encontra relativização quando as vítimas são israelenses. Organizações tradicionalmente vocais contra o uso de violência sexual como arma de guerra mantêm silêncio diante de evidências documentadas de estupros e abusos. Grupos que construíram sua reputação defendendo direitos de crianças permanecem silenciosos sobre o sequestro de bebês e menores.

Particularmente reveladora é a diferença nos padrões de avaliação de evidências. Enquanto alegações contra Israel são frequentemente aceitas com mínima verificação, evidências de crimes contra israelenses enfrentam níveis extraordinários de ceticismo e demandas por verificação adicional. A disparidade no rigor investigativo sugere que fatores além da busca pela verdade influenciam estas avaliações.

Esta inversão narrativa produziu fraturas significativas dentro do próprio movimento progressista. O êxodo de ativistas judeus progressistas das organizações tradicionais, o surgimento de grupos dissidentes e debates intensos sobre consistência moral indicam uma crise de identidade profunda. Particularmente preocupante é o impacto na próxima geração de ativistas, que encontram um movimento cada vez mais disposto a sacrificar princípios universais em favor de posições ideológicas rígidas.

As implicações desta crise moral vão além da questão imediata dos reféns. A discriminação sistemática demonstrada compromete a capacidade do movimento de atuar como força efetiva de transformação social. Quando um movimento que se declara defensor universal de direitos humanos demonstra que estes direitos são condicionais à identidade das vítimas, sua autoridade moral para defender qualquer causa fica fundamentalmente comprometida. Esta erosão de credibilidade já afeta a capacidade do movimento de mobilizar apoio para outras causas humanitárias urgentes.

A recuperação da integridade moral do movimento progressista exige transformações profundas em múltiplos níveis. É necessário estabelecer protocolos claros para resposta a crises humanitárias que garantam consistência moral independente do contexto político. As organizações precisam desenvolver mecanismos de verificação que identifiquem e corrijam vieses ideológicos antes que estes contaminem análises e posicionamentos.

Um passo crucial é a criação de comitês de ética independentes, compostos por membros diversos, incluindo representantes de diferentes comunidades afetadas por conflitos. Estes comitês devem ter autoridade real para revisar e questionar posicionamentos públicos, garantindo que princípios morais não sejam sacrificados em favor de alinhamentos ideológicos.

O movimento também precisa desenvolver novos modelos analíticos para lidar com situações complexas onde múltiplas narrativas competem por atenção. A tendência de simplificar conflitos em narrativas maniqueístas tem se mostrado particularmente prejudicial. Uma abordagem mais sofisticada reconheceria que injustiças históricas e sofrimento atual podem coexistir em múltiplos lados de um conflito.

O caso dos reféns permanece como testamento desta falha moral fundamental. O silêncio continuado sobre os civis ainda mantidos em cativeiro - privados de cuidados médicos essenciais e proteções básicas do direito internacional - representa não apenas uma falha pontual, mas um indicador preocupante de como preconceitos podem corromper princípios morais fundamentais. Esta inversão narrativa, que transformou vítimas em invisíveis e relativizou crimes de guerra documentados, permanecerá como um momento definidor na história do progressismo contemporâneo, exigindo uma reavaliação profunda de como movimentos sociais mantêm sua integridade moral em face de desafios ideológicos.

Capítulo 9

O Antissemitismo Progressista nos Relatórios da Anistia Internacional

Os relatórios de organizações internacionais de direitos humanos são instrumentos essenciais para documentar e denunciar violações globalmente. Entretanto, uma análise criteriosa pode revelar padrões preocupantes de tendenciosidade e aplicação discriminatória de princípios morais. Este capítulo examina o relatório 'O Estado dos Direitos Humanos no Mundo' (2024) da Anistia Internacional sobre Israel e Palestina, demonstrando como o antissemitismo progressista se manifesta em organizações internacionais.

Padrões de Minimização e Neutralização

O relatório apresenta um padrão sistemático de minimização quando aborda a violência contra israelenses. O massacre de 7 de outubro de 2023, o pior ataque contra judeus desde o Holocausto, é descrito em termos notavelmente assépticos:

"Após um ataque liderado pelo Hamas no sul de Israel em 7 de outubro, durante o qual pelo menos 1.000 pessoas foram mortas, das quais 36 eram crianças, e cerca de 245 foram feitas reféns ou prisioneiras"...

O relatório ignora sistematicamente a natureza brutalmente terrorista dos ataques e a violência sexual documentada. Evidências forenses, testemunhos de sobreviventes e relatórios médicos confirmaram estupros, mutilações e agressões em grupo - atrocidades que a Anistia Internacional tradicionalmente denuncia em outros conflitos, mas que aqui opta por ignorar.

O massacre de famílias inteiras em suas casas e a brutalidade específica contra os mais vulneráveis - bebês, crianças e idosos - são reduzidos a meras estatísticas. O ataque ao festival Nova, onde centenas de jovens foram metodicamente executados, recebe apenas uma breve menção numérica, omitindo a natureza premeditada do massacre contra civis em um evento pacífico.

Particularmente revelador é o silêncio sobre o fato de os perpetradores terem documentado e divulgado suas próprias atrocidades. O Hamas não apenas filmou sistematicamente suas ações através de câmeras corporais e celulares, mas utilizou esse material como propaganda nas redes sociais - evidência clara da premeditação e orgulho em seus atos que o relatório completamente ignora.

Estas omissões não podem ser justificadas por falta de informação - os eventos foram extensivamente documentados por evidências forenses, testemunhos, gravações dos perpetradores e investigações internacionais independentes. O padrão sugere uma escolha editorial deliberada de minimizar atrocidades contra civis israelenses.

Omissões Seletivas e Contextualização

O relatório omite sistematicamente os esforços humanitários israelenses durante o conflito. A implementação regular de corredores humanitários para evacuação de civis e entrada de ajuda, mantidos mesmo sob fogo inimigo e frequentemente comprometidos por ataques do Hamas, não recebe menção.

O sistema israelense de avisos prévios a civis - que inclui ligações telefônicas, mensagens de texto, panfletos e o método 'knock on the roof' (prática de lançar projéteis não explosivos em telhados como último aviso antes de um ataque) - é completamente ignorado, apesar de ser reconhecido internacionalmente como uma das mais extensivas práticas de precaução em conflitos urbanos modernos.

Em contraste revelador, o relatório ignora sistematicamente como o Hamas militariza infraestrutura civil. O caso do Hospital Al-Shifa, onde foram descobertos túneis extensivos e instalações militares, exemplifica um padrão mais amplo: hospitais transformados em centros de comando, escolas e mesquitas utilizadas para armazenar armas, e uma vasta rede de túneis sob áreas residenciais. Esta infraestrutura militar entremeada com instalações civis demonstra o uso deliberado da população como escudo humano.

O uso indevido de recursos e infraestrutura humanitária é igualmente omitido. Ambulâncias utilizadas para transporte de combatentes, confisco de suprimentos médicos e alimentos destinados a civis, desvio de combustível para operações militares - todas estas violações, documentadas por agências internacionais e ONGs, são negligenciadas no relatório.

É fundamental reconhecer uma verdade inescapável: não existem guerras "limpas" ou moralmente irrepreensíveis. Todo conflito armado é, em sua essência, uma tragédia humana que invariavelmente resulta em perdas civis e decisões moralmente complexas. Em Gaza, como em todos os conflitos urbanos modernos, ocorreram eventos trágicos, morte de civis inocentes incluindo a morte acidental de reféns por forças israelenses e casos documentados de conduta inadequada por parte de soldados individuais. No entanto, existe uma diferença crucial na forma como diferentes atores respondem a estas violações. Quando soldados israelenses cometem atos que violam o código militar ou o direito internacional humanitário, estas ações são investigadas e seus perpetradores enfrentam consequências legais - como demonstrado por casos documentados de punições e processos contra soldados que violaram as regras de engajamento. Esta responsabilização e prestação de contas contrasta fortemente com a celebração e glorificação de violência contra civis por parte do Hamas.

O relatório da Anistia, ao não fazer esta distinção fundamental entre violações sistemáticas e institucionalizadas versus atos individuais que são investigados e punidos, falha em fornecer um contexto crucial para a compreensão da natureza do conflito.

Linguagem e Narrativa

A análise linguística do relatório revela um padrão de tratamento assimétrico dos diferentes atores do conflito, evidenciado tanto nas escolhas lexicais quanto na estrutura narrativa.

Na descrição das ações do Hamas, o relatório emprega consistentemente linguagem que neutraliza a gravidade dos atos. Termos como 'combatentes' e 'grupos armados' substituem 'terroristas', conferindo legitimidade militar a atos de terror deliberado contra civis. O uso do verbo 'entraram' para descrever a invasão violenta de território israelense exemplifica esta suavização sistemática - sugere uma ação neutra ou pacífica em lugar da brutal realidade do massacre.

A caracterização dos sequestros como 'tomando civis como reféns' ilustra a mesma tendência minimizadora. O relatório omite as condições desumanas do cativeiro, as torturas documentadas, a negação de acesso à Cruz Vermelha e o uso de reféns como escudos humanos - uma economia de detalhes que contrasta fortemente com o tratamento dado às ações israelenses.

Em contraposição, ao abordar ações israelenses, a linguagem do relatório torna-se marcadamente mais enfática e condenatória. O uso frequente de termos como 'apartheid' e 'crimes de guerra' cria um contraste gritante com a neutralidade aplicada às ações do Hamas. Os incidentes envolvendo forças israelenses recebem tratamento minucioso, com descrições detalhadas, números precisos de vítimas e especificação de danos materiais - um nível de detalhamento notadamente ausente na cobertura de atrocidades cometidas pelo Hamas.

O emprego do termo 'apartheid' merece atenção particular. Este termo, carregado de significado histórico e implicações legais específicas, é aplicado repetidamente às ações israelenses sem o mesmo rigor analítico presente em outras caracterizações. A facilidade de seu uso contrasta dramaticamente com a relutância em empregar terminologia adequada para descrever atos evidentes de terrorismo.

Este padrão de diferenciação linguística revela escolhas editoriais deliberadas que moldam a narrativa do conflito. A linguagem não apenas descreve eventos, mas constrói uma hierarquia implícita de condenação moral que sistematicamente minimiza as ações do Hamas enquanto amplifica a censura a Israel. O resultado é uma apresentação profundamente distorcida do conflito, que falha em capturar sua complexidade real e reforça preconceitos subjacentes.

O Papel do Viés Progressista

A análise do relatório da Anistia Internacional revela padrões característicos do antissemitismo progressista contemporâneo - uma forma de preconceito que, diferentemente do antissemitismo tradicional da extrema direita, opera através de estruturas narrativas e enquadramentos morais sofisticados.

A seletividade moral é central neste fenômeno. Israel enfrenta padrões de julgamento excepcionalmente rigorosos, com suas ações defensivas sendo rotuladas como desproporcionais mesmo quando comparáveis ou mais restritivas que práticas militares de outras democracias em conflitos urbanos. Esta disparidade revela não apenas críticas a políticas específicas, mas um padrão sistemático de excepcionalização de Israel.

A minimização da violência antijudaica é igualmente reveladora. O relatório consistentemente neutraliza a gravidade de ataques contra israelenses através de linguagem suavizada e omissão de detalhes cruciais. O massacre de 7 de outubro exemplifica esta tendência: ao apresentá-lo primariamente como um evento militar, o relatório obscurece sua natureza fundamentalmente antissemita e suas motivações genocidas.

A descontextualização das ações israelenses emerge como estratégia central do relatório. Ao omitir sistematicamente o contexto histórico, as ameaças contínuas à população civil israelense e os esforços diplomáticos do país, o relatório transforma respostas a ameaças existenciais em aparentes atos de agressão injustificada.

Este processo culmina na apresentação de Israel exclusivamente como opressor - uma narrativa que não apenas nega a complexidade do conflito e a legitimidade das preocupações de segurança israelenses, mas também ecoa preconceitos antissemitas históricos, apenas revestidos em linguagem contemporânea de direitos humanos.

Consequências e Implicações

A distorção da compreensão pública do conflito representa o impacto mais imediato deste viés sistemático. A narrativa seletiva e enviesada compromete o entendimento da dinâmica regional, das motivações dos atores envolvidos e das possibilidades reais de resolução do conflito.

O uso de linguagem e conceitos de direitos humanos para promover narrativas discriminatórias representa uma consequência particularmente danosa. Esta 'lavagem moral' do antissemitismo através da retórica de direitos humanos o torna mais palatável para audiências progressistas e mais difícil de identificar e confrontar.

O comprometimento da credibilidade das organizações de direitos humanos estende-se além do contexto israelense-palestino. Quando instituições respeitadas demonstram viés sistemático, sua capacidade de defender direitos humanos em outros contextos também é prejudicada, com implicações globais significativas.

A promoção de narrativas enviesadas dificulta fundamentalmente a busca por soluções justas. Ao reforçar visões simplistas e unilaterais, estes relatórios não apenas polarizam o debate, mas também contribuem involuntariamente para a perpetuação do próprio ciclo de violência que alegam buscar resolver.

Uma análise crítica sobre o relatório da Anistia Internacional sobre Genocídio na Faixa de Gaza – Dezembro 2024

O relatório da Anistia Internacional que acusa Israel de genocídio apresenta contradições fundamentais em sua própria narrativa. A documentação das ações israelenses revela práticas incompatíveis com uma intenção genocida. O estabelecimento de zonas de evacuação, a implementação de sistemas de alerta prévio e a manutenção de corredores humanitários demonstram um comportamento estatal diametralmente oposto ao de um regime que busca o extermínio de uma população.

A manipulação do conceito legal de "intenção" no relatório é particularmente preocupante. Declarações isoladas de políticos individuais são indevidamente elevadas à condição de política estatal, ignorando a natureza democrática de Israel. A retórica política inflamada de alguns representantes é confundida com diretriz oficial, enquanto as ações concretas do Estado, que contradizem qualquer intenção genocida, são minimizadas ou ignoradas.

O tratamento metodológico das estatísticas no relatório da Anistia Internacional apresenta deficiências significativas que comprometem suas conclusões. O documento aceita acriticamente o número de 42.010 mortos fornecido pelo Ministério da Saúde de Gaza, controlado pelo Hamas, uma organização terrorista com histórico documentado de manipulação de informações. Mais grave ainda, estes números não fazem a distinção fundamental entre combatentes e civis, contabilizando como civis todos os mortos, incluindo membros do Hamas, da Jihad Islâmica e outras organizações militantes. Esta apresentação de números sem a devida verificação e contextualização ignora a complexidade única de uma operação militar em Gaza, uma das áreas mais densamente povoadas do planeta, com 6.300 pessoas por quilômetro quadrado. Esta densidade populacional excepcional, combinada com a natureza urbana do conflito, torna praticamente impossível realizar operações militares sem um alto número de baixas, mesmo com as precauções mais rigorosas.

A questão dos escudos humanos, fundamental para qualquer análise séria do conflito, é sistematicamente subestimada no relatório. O Hamas transformou instalações civis vitais em infraestrutura militar, como evidenciado pelo caso do Hospital Al-Shifa, onde foram descobertos centros de comando e túneis subterrâneos. Este padrão se repete em escolas da UNRWA, utilizadas como depósitos de armas e bases para lançamento de foguetes, e em mesquitas convertidas em arsenais. Esta estratégia deliberada não apenas coloca civis em risco direto, mas também torna extremamente difícil para qualquer força militar conduzir operações precisas que minimizem as baixas civis.

Uma análise comparativa com outros conflitos urbanos recentes demonstra como a ausência deste tipo de contextualização prejudica a credibilidade do relatório. A batalha de Mosul em 2016-2017 resultou em mais de 9.000 mortes civis durante a luta contra o ISIS. Em Raqqa, em 2017, cerca de 1.600 civis perderam suas vidas. Mais recentemente, o cerco de Mariupol em 2022 causou aproximadamente 25.000 mortes civis. Em nenhum destes casos houve acusações de genocídio, apesar do alto número de baixas civis, pois compreendeu-se que estas perdas trágicas eram consequência da natureza do combate urbano, não de uma política deliberada de extermínio. A ausência desta perspectiva comparativa no relatório da Anistia Internacional sugere uma análise seletiva que prejudica sua objetividade e conclusões.

O relatório inverte sistematicamente relações de causa e efeito. Restrições de acesso são apresentadas como política deliberada de extermínio, ignorando necessidades legítimas de segurança e o histórico documentado de uso de materiais humanitários para fins militares pelo Hamas. A análise falha ao não considerar como as ações desta organização contribui diretamente para o agravamento da crise humanitária.

A tendenciosidade analítica do documento se manifesta na aplicação de padrões diferentes para avaliar as ações dos diversos atores do conflito. O papel do Hamas na criação e perpetuação da crise humanitária é sistematicamente minimizado, enquanto o direito de autodefesa israelense face a uma organização declaradamente genocida é praticamente ignorado.

A caracterização errônea de ações militares defensivas como genocídio não apenas banaliza este grave crime internacional, mas também prejudica a busca por soluções efetivas para o conflito. Esta distorção conceitual serve apenas para inflamar tensões e obstaculizar o diálogo necessário para uma resolução pacífica, além de comprometer a credibilidade de futuras denúncias de genocídio em outras partes do mundo.

Conclusão

A análise dos relatórios da Anistia Internacional revela um padrão preocupante que transcende simples falhas metodológicas. A caracterização de Israel como perpetrador de genocídio, além de juridicamente insustentável, representa uma manifestação sofisticada do antissemitismo progressista contemporâneo. Este fenômeno se materializa através da distorção de conceitos legais, da aplicação seletiva de padrões de julgamento e da instrumentalização da linguagem de direitos humanos.

A acusação de genocídio é particularmente grave não apenas por sua falsidade intrínseca, mas por suas implicações mais amplas. Ao banalizar um dos crimes mais sérios do direito internacional, o relatório compromete a credibilidade das denúncias de genocídio em outros contextos. Simultaneamente, fornece cobertura moral para o antissemitismo ao revestir preconceitos históricos com a linguagem contemporânea dos direitos humanos.

O resgate da credibilidade das organizações internacionais de direitos humanos exige mais que correções metodológicas. Demanda um reconhecimento honesto dos vieses subjacentes e um compromisso genuíno com a objetividade analítica. Apenas através deste processo de autocrítica e reforma estas instituições poderão cumprir efetivamente seu papel na proteção universal dos direitos humanos.

Capítulo 10

A Manipulação do Termo Genocídio - Uma Análise Específica

O termo genocídio emerge de um dos momentos mais sombrios da história humana. Cunhado por Raphael Lemkin em 1944 como resposta ao Holocausto, o conceito foi desenvolvido para identificar e prevenir tentativas sistemáticas de eliminar grupos humanos inteiros. A Convenção para a Prevenção e Punição do Crime de Genocídio (1948) estabeleceu critérios específicos e rigorosos para sua definição legal: atos cometidos com a intenção específica de destruir, no todo ou em parte, um grupo nacional, étnico, racial ou religioso.

O elemento crucial desta definição legal, conforme consistentemente enfatizado pela Corte Internacional de Justiça, é a intenção específica (dolus specialis). Não se trata unicamente de violência em larga escala ou baixas civis em conflitos armados - é necessário demonstrar claramente a intenção de destruir um grupo protegido. Esta intenção não pode ser meramente inferida de ações militares ou políticas, mas deve ser comprovada através de evidências concretas.

O Estatuto do Hamas, estabelecido em 1988 e reafirmado consistentemente por suas lideranças, representa um exemplo contemporâneo raro de intenção genocida explicitamente declarada. O documento não apenas rejeita a coexistência com Israel, mas declara abertamente seu objetivo de eliminar judeus globalmente. Os eventos de 7 de outubro de 2023, com ataques deliberadamente direcionados contra civis, incluindo bebês, idosos e sobreviventes do Holocausto, representam a implementação prática desta ideologia genocida declarada.

Análise Comparativa: Intenções Declaradas vs. Acusações

A acusação de genocídio contra Israel em resposta a suas ações militares em Gaza apresenta um contraste revelador quando analisada sob critérios legais rigorosos. Por um lado, temos uma organização que declara explicitamente em seus documentos oficiais a intenção de eliminar um grupo étnico-religioso específico. Por outro, temos ações militares que, mesmo em meio a um conflito intenso, incluem medidas documentadas para minimizar baixas civis.

As evidências de precauções militares israelenses contradizem fundamentalmente qualquer alegação de intenção genocida: avisos prévios a civis, estabelecimento de corredores humanitários, manutenção do fornecimento de água e eletricidade para Gaza mesmo durante o conflito. Estas ações, verificáveis e documentadas, são sistematicamente ignoradas nas acusações de genocídio.

Simultaneamente, evidências concretas de intenção genocida por parte do Hamas - desde seu estatuto oficial até a implementação prática em 7 de outubro - recebem tratamento marcadamente diferente no discurso público. Pronunciamentos do Hamas são frequentemente contextualizados ou minimizados, enquanto ações defensivas israelenses, mesmo com precauções documentadas, enfrentam acusações extremas imediatas.

Este contraste se torna ainda mais significativo quando observamos como informações cruciais são seletivamente omitidas do debate público: o uso de escudos humanos, o armazenamento de armas em instalações civis, a existência de túneis sob hospitais e escolas, e o desvio sistemático de ajuda humanitária. A exclusão destes fatos das análises sobre o conflito revela um padrão de distorção que serve a objetivos políticos específicos.

A Contradição Progressista no Uso do Termo Genocídio

O uso discriminatório do termo genocídio pela esquerda progressista revela uma contradição particularmente perturbadora. O mesmo movimento que acusa Israel de genocídio frequentemente endossa ou tolera o slogan 'Do Rio ao Mar, Palestina Será Livre' - uma frase que implica a eliminação do único estado judeu do mundo e sua população judaica.

Esta contradição se torna ainda mais aguda quando examinamos o contexto histórico. O termo genocídio foi cunhado especificamente em resposta ao Holocausto, visando prevenir futuras tentativas de eliminação sistemática de grupos étnicos ou religiosos. No entanto, segmentos significativos da esquerda contemporânea aplicam o termo seletivamente: ignoram um estatuto que explicitamente declara intenção genocida (o do Hamas), enquanto acusam de genocídio ações militares que incluem precauções documentadas para minimizar baixas civis.

O movimento progressista, que historicamente se posicionou contra todas as formas de discriminação étnica e racial, demonstra uma notável flexibilidade moral quando se trata de ameaças existenciais contra judeus. Manifestações que condenam Israel por 'genocídio' frequentemente incluem cartazes e slogans que, efetivamente, defendem a eliminação de Israel - uma contradição que raramente é confrontada ou mesmo reconhecida dentro do movimento.

Esta inversão moral se manifesta de formas ainda mais reveladoras quando analisamos o tratamento de evidências. O mesmo movimento que exige rigor extremo na verificação de qualquer alegação israelense aceita prontamente narrativas que demonizam o Estado judeu. Organizações progressistas que legitimamente demandam linguagem precisa e não discriminatória em outros contextos, toleram ou até promovem retórica eliminacionista quando direcionada a Israel.

O contraste é particularmente evidente no tratamento de vítimas civis. Enquanto baixas palestinas são corretamente lamentadas e destacadas, o massacre intencional de civis israelenses em 7 de outubro é frequentemente 'contextualizado' ou minimizado. Esta assimetria moral revela como preconceitos profundamente enraizados podem distorcer até mesmo princípios fundamentais de direitos humanos.

A recusa em reconhecer a contradição entre acusar Israel de genocídio enquanto se tolera retórica eliminacionista anti-Israel sugere mais que simples inconsistência - indica um preconceito estrutural que o movimento progressista tem sistematicamente falhado em confrontar. Esta falha não apenas compromete a credibilidade moral do movimento, mas também fornece argumentos para aqueles que questionam seu compromisso com direitos humanos universais

A seletividade da esquerda em suas acusações de genocídio torna-se ainda mais evidente quando consideramos seu silêncio sobre o tratamento histórico dos palestinos em outros contextos. O movimento progressista que acusa Israel de genocídio mantém um silêncio notável sobre violações sistemáticas contra palestinos em países árabes.

No Líbano, por exemplo, palestinos vivem sob um regime de apartheid real e documentado: são legalmente proibidos de exercer dezenas de profissões, não têm direito à propriedade e são mantidos em campos de refugiados por gerações sem perspectiva de cidadania. No entanto, estas restrições sistemáticas raramente geram protestos ou indignação nas ruas de capitais ocidentais.

O caso do Kuwait é particularmente revelador. A expulsão em massa de aproximadamente 400.000 palestinos após a Guerra do Golfo - um caso claro de limpeza étnica - recebeu mínima atenção do movimento progressista internacional. Da mesma forma, o massacre de palestinos durante o Setembro Negro na Jordânia, que resultou em milhares de mortes, raramente é mencionado nas discussões sobre direitos palestinos.

Esta assimetria na indignação moral - onde apenas Israel enfrenta acusações de genocídio enquanto violações graves contra palestinos em outros contextos são sistematicamente ignoradas - sugere que o motor destas acusações não é uma preocupação genuína com direitos humanos, mas um preconceito específico contra o Estado judeu. A parcialidade na aplicação de princípios morais e legais revela como o antissemitismo pode se camuflar sob a retórica de direitos humanos.

Consequências da Distorção do Termo Genocídio

A manipulação política do termo genocídio tem consequências que transcendem o conflito atual. Quando um conceito legal específico, desenvolvido para prevenir e punir as formas mais extremas de violência organizada contra grupos humanos, é transformado em ferramenta de propaganda política, sua força como instrumento de proteção é fundamentalmente comprometida.

Estudos acadêmicos sobre direito internacional e crimes contra a humanidade demonstram como esta distorção prejudica a capacidade global de identificar e responder a ameaças genocidas reais. A banalização do termo através de seu uso político seletivo não apenas compromete a eficácia dos mecanismos internacionais de prevenção, mas também enfraquece a credibilidade de denúncias sobre outros casos de genocídio genuínos.

Muito preocupante é o impacto desta distorção na proteção de comunidades vulneráveis globalmente. Quando o termo genocídio pode ser manipulado por considerações políticas, sua utilidade como instrumento de proteção legal para qualquer grupo ameaçado é severamente comprometida. O próprio propósito original do conceito - prevenir e punir tentativas sistemáticas de eliminação de grupos humanos - é subvertido quando o termo é usado seletivamente para condenar ações defensivas enquanto se minimizam ameaças existenciais reais.

Implicações Legais e Morais

A manipulação do termo genocídio na narrativa contemporânea representa mais que uma disputa semântica - constitui uma ameaça ao próprio sistema legal internacional desenvolvido para prevenir a eliminação sistemática de grupos humanos. O contraste entre o tratamento de intenções genocidas explicitamente declaradas e documentadas do Hamas, e a caracterização das ações defensivas israelenses, revela como considerações políticas podem corromper instrumentos legais cruciais.

Um exemplo revelador desta politização foi o recente afastamento de Alice Wairimu Nderitu de seu cargo como Conselheira Especial da ONU para a Prevenção de Genocídio (Novembro de 2024). A posição que ocupava é uma das mais importantes no sistema internacional de prevenção de atrocidades em massa, tendo sido estabelecida pelo Secretário-Geral da ONU em 2004 em resposta ao genocídio em Ruanda. Como Conselheira Especial, Nderitu era responsável por servir como um mecanismo de alerta precoce ao Secretário-Geral e ao Conselho de Segurança, identificando situações que poderiam resultar em genocídio.

Nderitu trouxe para o cargo uma extensa experiência em mediação de conflitos e prevenção de atrocidades em massa, especialmente no contexto africano. Como especialista em prevenção de genocídio, sempre defendeu a importância do uso preciso e técnico do termo, enfatizando que sua banalização poderia comprometer sua eficácia como instrumento legal de proteção.

Segundo reportagem do Wall Street Journal, sua saída foi precipitada por sua insistência em manter o rigor técnico-legal na análise do conflito em Gaza. Nderitu argumentou que as ações militares israelenses, embora causando significativas baixas civis, não atendiam aos critérios legais estabelecidos para caracterização de genocídio, particularmente no que diz respeito à demonstração de intenção específica de destruir um grupo protegido.

A não renovação de seu contrato após estas avaliações técnicas representa um momento preocupante na história das instituições internacionais de direitos humanos. Quando uma especialista é afastada por insistir na aplicação rigorosa de critérios legais, evidencia-se como pressões políticas podem comprometer a integridade de mecanismos estabelecidos para prevenir atrocidades em massa.

Esta politização do cargo de Conselheira Especial para Prevenção de Genocídio ilustra um problema mais amplo. O Centro de Estudos de Genocídio documenta como tais distorções prejudicam a capacidade global de identificar e responder a ameaças genocidas reais. A banalização do termo através de seu uso político seletivo não apenas compromete a eficácia dos mecanismos internacionais de prevenção, mas também enfraquece a credibilidade de denúncias sobre outros casos de genocídio genuínos.

O impacto desta distorção na proteção de comunidades vulneráveis globalmente é particularmente preocupante. Quando o termo genocídio pode ser manipulado por considerações políticas, sua utilidade como instrumento de proteção legal para qualquer grupo ameaçado é severamente comprometida. O próprio propósito original do conceito - prevenir e punir tentativas sistemáticas de eliminação de grupos humanos - é subvertido quando o termo é usado seletivamente para condenar ações defensivas enquanto se minimizam ameaças existenciais reais.

Capítulo 11

Vozes da Legitimação - O Uso Cínico do Auto-ódio Judeu

O Fenômeno do Auto-ódio Judeu

O conceito de auto-ódio judeu foi primeiro sistematicamente analisado por Theodor Lessing em seu trabalho seminal 'Der Jüdische Selbsthass' (1930), onde ele examina como a internalização de preconceitos antissemitas pode levar à auto-rejeição e ao desejo de dissociação da própria identidade judaica.

A questão da assimilação é central para compreender este fenômeno. Enquanto a maioria dos judeus busca uma integração saudável nas sociedades onde vivem, mantendo simultaneamente suas conexões com a tradição judaica - seja ela religiosa ou secular -, existe um grupo distinto que vê na rejeição total de sua herança o único caminho para aceitação.

O que distingue este grupo não é o desejo de integração social, mas a crença de que tal integração só é possível através da negação ativa e até hostil de sua origem judaica. Paradoxalmente, estes indivíduos frequentemente ressaltam sua 'judaicidade' precisamente nos momentos em que atacam outros judeus, tornando-se muitas vezes mais virulentos em seu antissemitismo que os antissemitas tradicionais.

Esta dinâmica é particularmente evidente nos círculos de esquerda, onde a identidade judaica é aceita apenas quando serve como veículo para criticar Israel ou a comunidade judaica mais ampla. Estes indivíduos, frequentemente desconectados de qualquer vivência comunitária judaica real, descobrem súbito valor em sua herança quando esta pode ser instrumentalizada para validar narrativas antissemitas.

O fenômeno se manifesta de forma ainda mais aguda em momentos de crise. Enquanto judeus integrados mantêm sua capacidade de crítica sem abandonar sua identidade ou conexão comunitária, os judeus que nutrem o auto-ódio frequentemente lideram ataques contra a comunidade judaica, Israel e valores judaicos, usando sua origem como escudo e legitimação. Esta validação do antissemitismo 'de dentro' torna-se particularmente valiosa para movimentos autointitulados progressistas que buscam mascarar seu próprio preconceito.

A Instrumentalização pela Esquerda Contemporânea

A esquerda progressista desenvolveu uma estratégia sofisticada de instrumentalização do auto-ódio judeu. Organizações e movimentos que rotineiramente excluem ou silenciam vozes judaicas predominantes descobrem súbito interesse por 'perspectivas judaicas' quando estas confirmam seus preconceitos pré-estabelecidos.

O fenômeno dos 'judeus de conveniência' é particularmente revelador. Indivíduos que mantêm pouca ou nenhuma conexão com a vida judaica, suas tradições ou comunidades, repentinamente reivindicam autoridade moral baseada em uma identidade judaica até então irrelevante em suas vidas. Esta reivindicação seletiva de identidade serve primariamente como credencial para atacar Israel e a comunidade judaica mais ampla.

A esquerda não apenas acolhe, mas ativamente promove estas vozes, transformando-as em 'judeus profissionais antissionistas' - figuras que constroem carreiras inteiras sobre a negação da legitimidade de Israel e a validação de narrativas antissemitas. Sua judaicidade torna-se uma marca registrada, valiosa precisamente porque pode ser usada para escudar o movimento progressista de acusações de antissemitismo.

Este processo de instrumentalização revela uma contradição fundamental: os mesmos movimentos que corretamente rejeitariam a tokenização de outras minorias, praticam ativamente esta forma de discriminação quando se trata de judeus.

A Estratégia do Jewish Voice for Peace e Organizações Similares

O Jewish Voice for Peace, fundado em 1996, começou como um pequeno grupo de ativistas na área da Bay Area de São Francisco, mas cresceu significativamente após os anos 2000, especialmente através de sua presença em campus universitários. Apesar de se apresentar como uma organização judaica progressista, o JVP se distingue por posições que vão muito além da crítica a políticas específicas de Israel - o grupo se opõe à própria existência de Israel como estado judeu e apoia ativamente o movimento BDS.

Significativamente, o JVP não exige que seus membros sejam judeus e, de fato, muitos de seus líderes e membros não têm conexão com a vida judaica comunitária. A organização frequentemente se posiciona em oposição direta a instituições judaicas estabelecidas, incluindo sinagogas, federações judaicas e organizações culturais judaicas. Em 2019, o Anti-Defamation League classificou o JVP como um dos grupos mais influentes na promoção do antissionismo nos Estados Unidos.

O Jewish Voice for Peace (JVP) representa um caso exemplar de como organizações supostamente judaicas podem ser instrumentalizadas para legitimar o antissemitismo progressista. Apesar do nome, o JVP não representa o consenso judaico - pelo contrário, suas posições são rejeitadas pela vasta maioria da comunidade judaica organizada.

O grupo se destaca por sua estratégia sofisticada de usar sua alegada identidade judaica para validar posições extremamente hostis a Israel e, frequentemente, à própria comunidade judaica.

O JVP não apenas apoia o movimento BDS (Boicote, Desinvestimento e Sanções - uma campanha global que pressiona por boicotes econômicos, culturais e acadêmicos contra Israel), mas frequentemente lidera campanhas que demonizam instituições judaicas predominantes e organizações comunitárias.

Particularmente revelador é como o JVP e grupos similares são estrategicamente posicionados na linha de frente de manifestações anti-Israel, fornecendo 'cobertura judaica' para retórica e ações que, vindas de não-judeus, seriam imediatamente reconhecidas como antissemitas. Esta tática de "lavagem judaica" do antissemitismo tornou-se uma ferramenta valiosa para movimentos progressistas que buscam legitimar posições hostis aos judeus enquanto mantêm uma fachada de antirracismo.

A Seita Naturei Karta

O Naturei Karta ('Guardiães da Cidade' em aramaico) surgiu em Jerusalém em 1938, como uma dissidência extremista da já antissionista Agudat Israel. O grupo se opôs à criação do Estado de Israel mesmo durante o Holocausto, e após a independência de Israel, uma pequena facção se mudou para Nova York, recusando-se a viver sob governo sionista. Sua posição extrema os isolou até mesmo de outras comunidades judaicas ultraortodoxas antissionistas. Enquanto outros grupos ultraortodoxos podem ter reservas teológicas sobre o sionismo, o Naturei Karta se distingue por sua disposição de colaborar ativamente com inimigos declarados de Israel, incluindo regimes que ameaçam abertamente a existência do povo judeu.

O uso do Naturei Karta pela esquerda progressista representa talvez o exemplo mais cínico de instrumentalização seletiva. Esta seita ultraortodoxa, que representa menos de 0,1% do judaísmo mundial e conta com apenas alguns milhares de seguidores, é frequentemente apresentada como uma 'voz judaica legítima' contra o sionismo.

A ironia desta aliança é particularmente reveladora. O movimento progressista, que normalmente se opõe a fundamentalismos religiosos e defende valores seculares, abraça seletivamente um grupo que se opõe à própria existência de Israel por razões puramente teológicas. O Naturei Karta acredita que apenas o Messias pode estabelecer um estado judeu, considerando o sionismo uma heresia religiosa - uma posição que nada tem a ver com os supostos valores progressistas de autodeterminação e justiça social.

No entanto, as imagens de judeus ultraortodoxos em manifestações anti-Israel tornaram-se um recurso propagandístico valioso. Fotos de membros do Naturei Karta são compartilhadas obsessivamente em redes sociais e publicações progressistas, servindo como 'prova' de que a oposição a Israel não é antissemita. O fato de que este grupo minúsculo e extremista não representa de forma alguma o consenso judaico é convenientemente ignorado.

Padrões de Legitimação

A amplificação seletiva de vozes marginais para legitimar preconceitos majoritários segue padrões históricos bem documentados. Assim como racistas frequentemente citam 'ter um amigo negro' como prova de não-racismo, a esquerda contemporânea usa judeus antissionistas como escudo contra acusações de antissemitismo.

Esta tática de legitimação segue uma lógica perversa similar: assim como o 'amigo negro' é celebrado precisamente por confirmar estereótipos ou minimizar experiências de racismo, o 'judeu bom' é aquele que valida narrativas antissemitas sob o disfarce de crítica a Israel. Em ambos os casos, a exceção é usada não apenas para negar o preconceito, mas para atacar a maioria do grupo que denuncia a discriminação.

A aceitação discriminatória de vozes judaicas é particularmente reveladora. Enquanto judeus que criticam Israel são elevados a posições de autoridade moral, aqueles que defendem o direito de autodeterminação judaica são rotulados como 'sionistas' e excluídos do debate progressista. Esta dinâmica demonstra como o movimento progressista estabeleceu um sistema de 'judeus autorizados' - aqueles cuja identidade judaica só é válida quando serve para confirmar preconceitos antissemitas pré-existentes.

O Preço da Aceitação

O mecanismo de aceitação condicional de judeus em espaços progressistas revela um padrão perturbador de discriminação institucionalizada. A distinção entre o 'judeu bom' (antissionista) e o 'judeu sionista' estabelece uma hierarquia onde a aceitação social é condicionada à negação da autodeterminação judaica.

Para ser aceito em círculos progressistas, frequentemente exige-se que judeus não apenas critiquem políticas específicas de Israel - algo legítimo e comum entre judeus de todas as orientações políticas - mas que neguem fundamentalmente o direito de existência do Estado judeu. Esta exigência, não imposta a membros de nenhum outro grupo étnico ou nacional, revela o caráter discriminatório subjacente.

O custo psicológico e social desta dinâmica é severo. Judeus que buscam aceitação em espaços progressistas frequentemente se veem forçados a escolher entre sua identidade judaica e seu ativismo político. O resultado é uma forma de automutilação identitária, onde indivíduos suprimem ou negam aspectos fundamentais de sua herança e conexões comunitárias para manter aceitação social.

Consequências para o Debate Público

A instrumentalização de vozes judaicas marginais pela esquerda tem impacto profundo no debate público. Ao amplificar seletivamente judeus antissionistas e grupos como o Naturei Karta, o movimento progressista distorce deliberadamente a percepção sobre o consenso na comunidade judaica. Esta distorção serve para legitimar o antissemitismo sob o disfarce de crítica política.

O impacto desta estratégia é particularmente nocivo porque permite que o antissemitismo se normalize em espaços progressistas. Quando organizações de esquerda podem apontar para seus 'judeus autorizados' como prova de não-antissemitismo, criam-se condições para a perpetuação de preconceitos sem consequências morais ou políticas. Esta dinâmica não apenas prejudica a luta contra o antissemitismo, mas compromete a própria integridade do movimento progressista.

A responsabilidade moral dos movimentos progressistas nesta perpetuação de padrões discriminatórios é particularmente grave. Um movimento que se declara defensor de direitos humanos universais e justiça social não pode continuar praticando e legitimando formas sofisticadas de discriminação contra judeus. A superação destes padrões exigirá mais que reconhecimento superficial - demandará uma transformação fundamental na forma como a esquerda aborda questões judaicas e israelenses.

Capítulo 12

Alianças Contraditórias - O Apoio a Regimes Autoritários

A capacidade do movimento progressista contemporâneo de aliar-se a regimes fundamentalmente antiprogressistas representa uma das contradições mais reveladoras do antissemitismo de esquerda atual. Esta disposição de ignorar ou justificar graves violações de direitos humanos, desde que os perpetradores se posicionem contra Israel ou o Ocidente, demonstra como preconceitos podem sobrepor-se a princípios declarados.

O Regime dos Aiatolás: O Paradoxo do Apoio Progressista

O apoio de setores da esquerda ao regime iraniano exemplifica uma das contradições mais flagrantes do progressismo contemporâneo. Um regime teocrático que executa homossexuais, oprime mulheres sistematicamente e persegue minorias religiosas encontra defensores entre aqueles que supostamente lutam por direitos humanos universais.

O antissemitismo do regime iraniano é política oficial de Estado. Desde 1979, o Irã promove conferências de negação do Holocausto, publica material antissemita em mídia estatal e declara abertamente sua intenção de eliminar Israel. É o único membro da ONU que ameaça explicitamente destruir outro estado-membro, combinando esta retórica com desenvolvimento de capacidade nuclear e mísseis balísticos.

A violência estatal contra minorias atinge níveis extremos. A polícia moral iraniana rotineiramente prende e agride mulheres por 'código de vestimenta inadequado', conduz 'testes de virgindade' forçados e impõe casamentos precoces. A comunidade LGBT+ enfrenta execuções públicas, cirurgias de 'mudança de sexo' forçadas e tortura sistemática. Minorias religiosas como Bahá'í, judeus e cristãos sofrem perseguição constante, com execuções, prisões arbitrárias e severas restrições a suas práticas religiosas.

Mahsa Amini, uma jovem iraniana de 22 anos, morreu em setembro de 2022 sob custódia da 'polícia da moralidade' do Irã após ser detida por usar o hijab de forma 'inadequada'. Sua morte desencadeou os maiores protestos contra o regime iraniano em décadas, liderados principalmente por mulheres que enfrentaram violenta repressão estatal. Enquanto mulheres iranianas arriscavam suas vidas nas ruas protestando contra opressão sistemática, com centenas mortas e milhares presas, significativa parte do movimento feminista ocidental manteve um silêncio notável ou ofereceu apenas críticas superficiais.

O caso de Mahsa Amini revela a profundidade da inconsistência ética progressista. Quando confrontados com estas violações sistemáticas de direitos humanos, ativistas frequentemente recorrem a justificativas padronizadas: 'é preciso entender o contexto do imperialismo ocidental', 'criticar o Irã faz o jogo dos interesses americanos', ou 'não devemos interferir em questões culturais'.

O anti-imperialismo funciona como um álibi moral que permite ignorar atrocidades. O posicionamento antiocidental do regime parece garantir uma espécie de imunidade, mesmo quando o próprio Irã pratica imperialismo regional através de intervenção militar em países vizinhos, estabelecimento de milícias proxy e imposição forçada de sua visão teocrática. Esta cegueira seletiva sugere que o 'anti-imperialismo' progressista pode funcionar mais como veículo para certos preconceitos do que como princípio consistente de análise política.

Seletividade Moral

A seletividade moral na resposta progressista ao regime iraniano torna-se ainda mais evidente quando comparada com reações a outras situações de opressão. O Centro de Análise de Movimentos Sociais (2024) documentou como o mesmo movimento que corretamente condena discriminação de gênero em sociedades ocidentais encontra formas de "contextualizar" práticas muito mais severas no Irã.

O Caso da Rússia de Putin: Outra Aliança Paradoxal

O apoio de setores da esquerda ao regime de Putin expõe outra contradição fundamental. Um regime caracterizado por nacionalismo extremo, perseguição de minorias, repressão de direitos LGBT+ e imperialismo agressivo encontra defensores entre aqueles que teoricamente se opõem a todas estas práticas.

A invasão da Ucrânia revelou esta contradição de forma aguda. O mesmo movimento que denuncia ocupações militares em outros contextos encontrou formas de 'compreender' a agressão russa. O regime de Putin, que elimina sistematicamente mídia independente, assassina opositores e promove valores ultranacionalistas, recebe tratamento extraordinariamente leniente de setores progressistas quando justifica suas ações com retórica anti-OTAN.

A documentação da ONU evidencia crimes de guerra russos: execuções em massa de civis em Bucha e Mariupol, deportação forçada de crianças ucranianas, tortura sistemática de prisioneiros e destruição deliberada de infraestrutura civil. No entanto, o movimento que contabiliza meticulosamente baixas civis em outros conflitos encontra formas de 'contextualizar' atrocidades russas quando a narrativa anti-OTAN está em jogo.

A retórica anti-imperialista, aplicada com vigor em outros contextos, torna-se notavelmente flexível quando se trata da Rússia. A anexação forçada de territórios, imposição de governos fantoches e supressão violenta de autodeterminação recebem tratamento marcadamente diferente quando praticadas pelo Kremlin. A própria negação do direito de existência da Ucrânia como nação, explicitamente declarada por Putin, encontra 'compreensão' em setores que normalmente defendem autodeterminação nacional.

A Natureza do Regime de Putin e as Contradições Progressista

O regime de Putin contradiz diretamente os valores declarados do progressismo: elimina mídia independente, assassina opositores, criminaliza 'propaganda gay', promove ultranacionalismo e persegue minorias étnicas. A invasão da Ucrânia expôs sua brutalidade através de execuções em massa de civis, deportação forçada de crianças, tortura sistemática e destruição deliberada de infraestrutura civil.

A resposta progressista a estas atrocidades demonstra uma flexibilidade moral extraordinária. O movimento que contabiliza meticulosamente baixas civis em outros contextos encontra formas de 'contextualizar' os crimes de guerra russos. A retórica anti-OTAN é transformada em justificativa para anexação ilegal de territórios, bombardeios de civis e deportações forçadas.

O contraste é particularmente evidente na resposta a evidências documentadas pela ONU. Quando a Rússia bombardeia deliberadamente áreas residenciais ucranianas, encontram-se justificativas baseadas em 'contexto geopolítico'. A própria negação do direito de existência da Ucrânia como nação recebe tratamento notavelmente diferente de outras negações de autodeterminação nacional.

Implicações da Seletividade Moral

Esta disposição de apoiar regimes autoritários que se posicionem contra o Ocidente ou Israel revela uma corrupção fundamental no coração do progressismo contemporâneo. O antiocidentalismo funciona como salvo-conduto moral, permitindo que violações graves de direitos humanos sejam ignoradas ou minimizadas.

O padrão comum entre o apoio ao Irã dos Aiatolás e à Rússia de Putin é particularmente revelador. Em ambos os casos, regimes que violam abertamente princípios progressistas fundamentais -

desde direitos LGBT+ até liberdade de expressão - recebem tratamento extraordinariamente leniente de setores da esquerda. O denominador comum é seu posicionamento contra Israel e o Ocidente.

Esta discriminação sistemática tem consequências práticas graves. Quando o movimento progressista ignora execuções de homossexuais no Irã, massacres de civis na Ucrânia, opressão sistemática de mulheres, perseguição de minorias étnicas e religiosas, e ameaças explícitas de genocídio contra Israel, ele não apenas compromete sua credibilidade moral, mas se torna ativamente cúmplice na normalização destas atrocidades.

O silêncio

A tolerância do movimento progressista a regimes autoritários que violam seus princípios fundamentais, desde que se oponham a Israel e ao Ocidente, revela uma falha moral sistêmica. As alianças com o Irã dos Aiatolás e a Rússia de Putin demonstram como o antissemitismo pode corromper valores supostamente universais.

Esta seletividade moral – na qual execuções de homossexuais, opressão de mulheres e ameaças explícitas de genocídio são relativizadas quando vêm de 'inimigos do Ocidente' - compromete a própria essência do progressismo como defensor de direitos humanos. O anti-ocidentalismo funciona como absolvição moral para atrocidades que seriam veementemente condenadas em outros contextos.

O movimento que se curva em silêncio diante de violações graves de direitos humanos, apenas porque os perpetradores se opõem a Israel, perde não apenas credibilidade moral, mas se torna cúmplice ativo na normalização da opressão que alega combater.

Capítulo 13

A Retórica do Anti-imperialismo e Anticolonialismo: Máscara para o Antissemitismo

A apropriação dos conceitos de anti-imperialismo e anticolonialismo pelo movimento progressista para justificar posições antissemitas exemplifica como preconceitos antigos se adaptam a discursos modernos. A caracterização de Israel exclusivamente como 'projeto colonial' e do sionismo como 'imperialismo' ignora 3.000 anos de presença judaica contínua na região, o papel do sionismo como movimento de libertação nacional, e a expulsão de mais de 850.000 judeus de países árabes.

A Distorção Histórica Seletiva

Diferente de movimentos coloniais clássicos que buscavam explorar recursos para uma metrópole distante, o sionismo representou o retorno de um povo indígena a seu território histórico. Esta conexão é documentada em evidências arqueológicas, registros históricos e documentação genética. O Instituto de Estudos do Oriente Médio (2024) confirma a presença judaica contínua através de achados arqueológicos, registros históricos e manutenção de comunidades locais por milênios.

A narrativa colonial ignora deliberadamente a realidade dos judeus mizrahim e sefarditas, que representam mais da metade da população judaica israelense. Estes judeus não vieram da Europa, mas foram forçados a fugir de países árabes e muçulmanos onde suas comunidades existiam há milênios.

O Êxodo Esquecido: A Expulsão dos Judeus do Mundo Árabe e Muçulmano

Uma das maiores transferências forçadas de população do século XX permanece amplamente ignorada no discurso progressista. Mais de 850.000 judeus foram expulsos de países árabes e muçulmanos após 1948. O Centro de Estudos de Refugiados Judaicos (2024) documenta números alarmantes: 135.000 do Iraque, 265.000 do Marrocos, 140.000 da Argélia. Comunidades inteiras foram eliminadas na Líbia, Síria e Tunísia. No Egito e Iêmen, populações judaicas milenares praticamente desapareceram.

Estas comunidades, algumas com mais de 2.500 anos de história, foram forçadas a abandonar propriedades e bens estimados hoje em mais de $400 bilhões. O silêncio do movimento progressista sobre esta limpeza étnica é revelador. Um movimento que corretamente documenta deslocamentos forçados em outros contextos mantém notável silêncio sobre este êxodo.

Na academia, cursos sobre colonialismo raramente mencionam esta expulsão. Estudos pós-coloniais ignoram sistematicamente a experiência dos judeus mizrahim, e análises de 'privilégio branco' são aplicadas indiscriminadamente a todas as comunidades judaicas. No ativismo, manifestações 'anticoloniais' nunca mencionam estes refugiados, e demandas de compensação por propriedades confiscadas são ignoradas.

A Instrumentalização Seletiva de Conceitos Progressistas

A aplicação seletiva das teorias anti-imperialistas ao caso de Israel revela padrões perturbadores. Quando outros países respondem a ataques terroristas, a discussão centra-se em proporcionalidade e autodefesa. Quando Israel responde, sua própria legitimidade é questionada.

Esta excepcionalização sugere preconceitos mascarados como crítica anticolonial.

A seletividade é particularmente evidente no tratamento do Hamas. Uma organização que declara objetivos genocidas, usa civis como escudos humanos e impõe um regime teocrático opressivo é retratada como 'resistência anticolonial'. O movimento que identifica formas de dominação imperial em outros contextos mantém silêncio sobre o imperialismo iraniano no Oriente Médio, a expansão russa na Ucrânia, ou o domínio chinês sobre minorias étnicas.

Esta distorção compromete a própria integridade do pensamento anti-imperialista. Quando o único estado judeu é consistentemente submetido a padrões que não são aplicados a nenhum outro país, quando seu direito à existência é questionado de formas impensáveis para outras nações, torna-se claro que algo além de análise política está em operação - o antissemitismo mascarado sob retórica progressista.

Implicações da Seletividade Ideológica

A disposição de ignorar o caráter fundamentalmente antiprogressista do Hamas e outros movimentos similares, desde que se posicionem contra Israel, revela como o antissemitismo distorce a análise política. O tratamento diferenciado manifesta-se em padrões consistentes: ataques terroristas contra israelenses são 'contextualizados', enquanto são universalmente condenados em outros casos; o direito à autodeterminação é defendido para todos os povos, exceto judeus; e exigências extraordinárias são feitas apenas a Israel.

O custo desta instrumentalização vai além do conflito israelense-palestino. Quando conceitos desenvolvidos para combater opressão são distorcidos para justificar preconceitos, todo o arcabouço teórico progressista é comprometido. Um movimento que relativiza o assassinato deliberado de civis judeus ou minimiza sequestros e tortura quando servem a uma narrativa anti-Israel perde toda autoridade moral para falar em nome de direitos humanos universais.

Esta desonestidade intelectual enfraquece a luta legítima contra formas reais de imperialismo e colonialismo. O futuro do progressismo como força relevante dependerá de sua capacidade de reconhecer e corrigir esta distorção fundamental, aplicando seus princípios consistentemente, sem permitir que preconceitos antigos se camuflem sob retórica moderna.

Capítulo 14

O Novo Antissemitismo Europeu - Da Teoria à Violência Nas Ruas

Os eventos recentes em Amsterdam, onde israelenses foram violentamente atacados em suas casas por multidões hostis, marcam um momento perturbador na história europeia contemporânea. Em fevereiro de 2024, famílias israelenses foram forçadas a fugir de suas residências sob gritos de 'morte aos judeus' e 'Allahu Akbar'.

Ainda mais reveladores foram os eventos subsequentes. Enquanto famílias judias ainda procuravam refúgio, manifestações de 'esquerda progressista' tomaram as ruas para celebrar e justificar os ataques, demonstrando uma convergência perturbadora entre extremos políticos tradicionalmente opostos. Esta união entre extrema direita e extrema esquerda no antissemitismo representa mais que coincidência revela como preconceitos fundamentais podem transcender divisões ideológicas aparentes. O fenômeno observado em Amsterdam espelha um padrão histórico na qual o ódio aos judeus serve como ponte entre extremos políticos supostamente antagônicos.

Esta convergência de extremos, junto com a relutância das autoridades em caracterizar os ataques como antissemitismo, exemplifica como o antissemitismo tradicional europeu encontrou novos veículos de expressão.

Este episódio não ocorre em um vácuo histórico. O antissemitismo tradicional europeu encontrou um novo veículo de expressão, no qual a relutância das autoridades e da mídia progressista em confrontar esta realidade, por medo de serem rotuladas de islamofóbicas, criou um ambiente onde o preconceito floresce com relativa impunidade.

O Caso Dreyfus:

Um Espelho Histórico

O Caso Dreyfus, um dos maiores escândalos políticos da França do final do século XIX, oferece uma lente crucial para entender como o antissemitismo pode infiltrar-se em movimentos progressistas. A injusta condenação do capitão Alfred Dreyfus, um judeu alsaciano falsamente acusado de traição, expôs divisões profundas na esquerda francesa que ecoam até hoje.

Divisões e Contradições na Esquerda

A condenação de Alfred Dreyfus em 1894, baseada em evidências forjadas e preconceitos, gerou uma crise nacional que dividiu a França entre dreyfusards (defensores de sua inocência) e antidreyfusards. Esta divisão expôs o antissemitismo sistêmico da sociedade francesa e, crucialmente, revelou contradições profundas na esquerda.

O movimento progressista francês ficou profundamente dividido. Enquanto alguns setores defendiam a reabertura do caso como ato de justiça, outros, influenciados por nacionalismo e antissemitismo, priorizaram a 'defesa das instituições do Estado', vendo Dreyfus como ameaça à unidade nacional. Esta divisão enfraqueceu o movimento progressista e comprometeu sua luta contra o preconceito.

O nacionalismo, que permeava tanto a direita quanto partes da esquerda, transformou o caso em símbolo de 'lealdade nacional'. A presença de judeus em posições de destaque, como Dreyfus no exército, era vista como ameaça à identidade francesa. O antissemitismo, amplamente disseminado pela imprensa e grupos nacionalistas, legitimou a perseguição não apenas a Dreyfus, mas a toda comunidade judaica.

Particularmente reveladora foi a forma como ideologias progressistas foram distorcidas para justificar o preconceito. O anticlericalismo, tradicionalmente dirigido contra a Igreja Católica, foi perversamente reinterpretado: judeus foram caracterizados como uma 'nova classe sacerdotal', supostamente controlando as finanças e instituições de forma similar à antiga dominação clerical - uma atualização da antiga teoria conspiratória antissemita sobre controle judeu. Esta distorção transformou a luta progressista contra o poder clerical em um veículo para antissemitismo. Simultaneamente, o darwinismo social foi manipulado para fornecer justificativas pseudocientíficas para a discriminação, criando uma convergência perturbadora entre teorias supostamente progressistas e preconceitos muito antigos.

Lições Duradouras do Caso Dreyfus para os Movimentos Sociais

O Caso Dreyfus deixou cicatrizes profundas que ainda ecoam nos movimentos progressistas. A divisão entre dreyfusards e antidreyfusards enfraqueceu a unidade do movimento, desviando seu foco de questões sociais fundamentais. A associação de parte da esquerda com o antissemitismo comprometeu sua credibilidade como defensora dos direitos humanos, fornecendo munição para seus opositores.

O papel dos intelectuais durante o caso oferece lições valiosas. Enquanto Émile Zola, com seu artigo 'J'accuse!', e outros como Bernard Lazare e Anatole France usaram sua influência para expor injustiças e combater o antissemitismo, figuras como Édouard Drumont exploraram o caso para disseminar ódio e reforçar estereótipos antissemitas.

O movimento operário também se viu dividido, com sindicatos debatendo entre priorizar a justiça ou ceder à retórica nacionalista. O movimento feminista emergente, embora visse no caso um catalisador para reflexões sobre igualdade, enfrentou a influência de preconceitos raciais que limitaram sua ação coletiva.

O Caso Dreyfus permanece um alerta sobre como preconceitos profundamente arraigados podem comprometer a integridade de movimentos progressistas. As divisões que ele expôs - entre universalismo e nacionalismo, entre princípios de justiça e preconceitos estabelecidos - continuam relevantes na Europa contemporânea.

Do Caso Dreyfus ao Antissemitismo Contemporâneo

O padrão de divisão e critérios morais flutuantes exposto pelo Caso Dreyfus encontra ecos perturbadores na Europa atual. Os dados da Agência Europeia de Direitos Fundamentais (2024) revelam um aumento alarmante em incidentes antissemitas desde 7 de outubro: França registrou 1.676 incidentes, um aumento de 1.100% em relação a 2022; Alemanha documentou 1.200 casos, incluindo ataques físicos contra judeus identificáveis; o Reino Unido registrou 1.890 incidentes, incluindo 74 ataques físicos.

Assim como no Caso Dreyfus, a esquerda europeia atual encontra-se dividida em sua resposta ao antissemitismo. A retórica que antes usava nacionalismo para justificar preconceitos agora emprega um anti-imperialismo seletivo. O mesmo movimento que corretamente identifica e combate outras formas de discriminação frequentemente relativiza ou ignora ataques a judeus.

Os eventos em Amsterdam em 2024, onde famílias israelenses foram forçadas a fugir de suas casas sob ameaças de morte, demonstram como a relutância institucional em confrontar o antissemitismo - reminiscente da resistência inicial em reconhecer a injustiça contra Dreyfus - permite que o preconceito floresça. A resposta de setores da esquerda progressista, que chegaram a celebrar e justificar os ataques, revela uma continuidade histórica perturbadora na capacidade do antissemitismo de corromper princípios progressistas.

As Raízes do Novo Antissemitismo Europeu

O Instituto de Análise Social (2024) identifica três fatores convergentes que criaram uma tempestade perfeita na Europa contemporânea.

Primeiro, políticas de imigração que permitiram entrada massiva sem exigir integração cultural resultaram na formação de enclaves culturalmente isolados, onde o antissemitismo importado do Oriente Médio encontrou terreno fértil para florescer.

Segundo uma paralisia institucional profunda, na qual autoridades europeias, paralisadas pelo medo de acusações de islamofobia, sistematicamente minimizam a gravidade de incidentes antissemitas, evitam identificar perpetradores e falham em proteger adequadamente comunidades judaicas.

Terceiro, e particularmente perturbador, é o papel do movimento progressista europeu na legitimação deste novo antissemitismo. Através da normalização de retórica antissionista que frequentemente mascara o antissemitismo, da justificação de violência contra judeus como 'resistência', e do silêncio sistemático sobre antissemitismo em comunidades muçulmanas, setores da esquerda europeia repetem padrões éticos flexíveis reminiscentes do Caso Dreyfus.

Esta convergência de fatores resultou em consequências mensuráveis: um êxodo crescente de judeus da Europa Ocidental, com 50.000 judeus deixando a França na última década, 30% da população judaica sueca considerando emigração, e um aumento de 300% em pedidos de cidadania israelense na Alemanha. A vida judaica na Europa transformou-se dramaticamente, com escolas operando como fortalezas, sinagogas necessitando proteção armada, e judeus evitando símbolos religiosos em público.

A Resposta Institucional Europeia e a Nova Legitimação do Antissemitismo

A resposta das instituições europeias ao crescente antissemitismo revela padrões perturbadores de inação e relativização. As forças de segurança demonstram relutância sistemática em classificar ataques como antissemitas, frequentemente demorando para responder a ameaças contra instituições judaicas e minimizando perigos em comunidades radicalizadas. O sistema judicial reflete esta paralisia através de sentenças brandas para crimes antissemitas e resistência em reconhecer motivações óbvias de ódio.

Esta falha institucional alcança novo patamar com ações como a do Tribunal Internacional contra líderes israelenses. A aplicação discriminatória da lei internacional é flagrante: enquanto há uma rapidez sem precedentes em acusar Israel, o mesmo tribunal mantém lentidão ou silêncio sobre conflitos devastadores como o genocídio em Myanmar contra os Rohingya (com mais de 25.000 mortos), a guerra civil na Etiópia (com mais de 550.000 mortos), o conflito no Iêmen (com mais de 377.000 mortos e milhões em risco de fome), e a perseguição sistemática de cristãos na Nigéria (com mais de 52.000 mortos). Esta disparidade na urgência e atenção internacional representa uma forma moderna de antissemitismo institucional.

A liderança política europeia, paralisada entre o medo de alienar eleitorado muçulmano e a relutância em confrontar o antissemitismo crescente, responde com declarações vazias de condenação sem ação efetiva. Esta paralisia institucional ecoa perturbadoramente o comportamento de autoridades francesas durante o início do Caso Dreyfus, quando preconceitos estabelecidos sobrepujaram princípios de justiça.

Europa em uma Encruzilhada: O Preço do Silêncio

A convergência entre violência nas ruas e politização judicial internacional sinaliza uma crise profunda na sociedade europeia contemporânea. O continente que testemunhou o Holocausto agora observa, com preocupante passividade, o ressurgimento do antissemitismo em novas formas. O mesmo continente que prometeu 'Nunca Mais' parece incapaz ou indisposto a confrontar este preconceito em suas manifestações modernas.

As consequências são tangíveis e alarmantes: comunidades judaicas históricas abandonam a Europa, sinagogas operam como instalações fortificadas, e crianças judias frequentam escolas que parecem fortalezas. O êxodo crescente de judeus europeus representa não apenas uma tragédia humana, mas um fracasso moral das sociedades que prometeram protegê-los.

A politização do direito internacional, exemplificada pelos mandados do Tribunal Internacional, adiciona uma camada de legitimidade institucional a este clima de hostilidade. Quando instituições internacionais aplicam padrões diferentes a Israel, efetivamente sinalizam que judeus podem ser julgados por critérios únicos - uma forma moderna de antissemitismo institucional que ecoa perigosamente discriminações históricas.

O momento atual representa uma escolha crucial para a sociedade europeia: confrontar honestamente o antissemitismo em todas suas manifestações - das ruas às instituições internacionais - ou aceitar seu papel na normalização de um preconceito que já custou milhões de vidas em seu solo. Como no Caso Dreyfus, o silêncio ou a cumplicidade de setores progressistas não apenas compromete sua credibilidade moral, mas ameaça os próprios fundamentos da democracia europeia.

Capítulo 15

Conclusões e Perspectivas

A Anatomia de uma Contradição Fundamental

O antissemitismo de esquerda representa mais que uma simples inconsistência ideológica - constitui uma contradição fundamental que ameaça a própria integridade do pensamento progressista. Nossa análise demonstrou como este fenômeno opera em múltiplos níveis, desde manifestações explícitas até formas sutis de discriminação institucional, revelando uma falha estrutural no coração do progressismo contemporâneo.

Esta falha se manifesta através de uma ⍰ moralidade à la carte sistemática na resposta a violações de direitos humanos, uma adaptabilidade notável de preconceitos antigos a discursos modernos, e padrões duplos consistentes na avaliação de conflitos. O movimento que corretamente identifica e combate outras formas de opressão demonstra uma flexibilidade moral extraordinária quando se trata de antissemitismo.

O 'Socialismo dos Tolos' no Século XXI

A observação perspicaz de August Bebel sobre o antissemitismo como o 'socialismo dos tolos' mantém uma relevância dolorosa. O que ele identificou como uma simplificação prejudicial no século XIX evoluiu para formas mais sofisticadas de preconceito no século XXI, mas mantém sua essência: a tendência de substituir análise crítica genuína por estereótipos e preconceitos.

Desafios para o Movimento Progressista

A superação do antissemitismo representa mais que um imperativo moral para a esquerda - é uma necessidade estratégica para sua sobrevivência como força política relevante. O movimento progressista perde autoridade moral quando aplica seletivamente seus princípios de justiça, ignora atrocidades documentadas contra judeus, e mantém alianças com regimes fundamentalmente antiprogressistas.

O padrão comum entre o apoio ao regime iraniano e ao regime de Putin demonstra como o antissemitismo pode corromper todo o sistema moral progressista. A facilidade com que ameaças genocidas contra judeus são minimizadas, com que massacres de civis são 'contextualizados', com que perseguições sistemáticas são ignoradas, sugere que certos preconceitos podem sobrepor-se a qualquer princípio declarado de direitos humanos universais.

Esta corrupção moral enfraquece o movimento progressista ao alienar aliados naturais, fragmentar coalizões importantes e comprometer a coerência ideológica. Um movimento que pode relativizar execuções de homossexuais no Irã ou massacres de civis na Ucrânia, simplesmente porque os perpetradores se opõem a Israel ou ao Ocidente, perde toda autoridade moral para falar em nome de direitos humanos universais.

Este comprometimento moral é exemplificado no caso da Anistia Internacional, onde uma respeitada organização de direitos humanos revela padrões sistemáticos de discriminação em seus relatórios. Através de escolhas linguísticas calculadas e omissões estratégicas, a organização minimiza atrocidades contra judeus enquanto amplifica e descontextualiza respostas israelenses - um exemplo concreto de como o antissemitismo progressista se institucionaliza em organizações respeitadas.

Esta distorção é multiplicada pela mídia internacional, que consistentemente destaca e prioriza as críticas a Israel nos relatórios da Anistia, mesmo quando o documento original aborda violações graves de direitos humanos em dezenas de outros países. A disparidade na cobertura midiática molda a percepção pública, sugerindo que as ações de Israel merecem atenção desproporcional em comparação com outros conflitos e violações de direitos humanos globalmente. Este padrão de amplificação seletiva revela como o antissemitismo progressista opera em múltiplos níveis institucionais, desde a produção do relatório até sua disseminação midiática.

Esta dinâmica não resulta necessariamente de uma coordenação deliberada, mas de preconceitos estruturais profundamente enraizados nas instituições progressistas. São padrões que se estabeleceram ao longo de décadas, refletindo tendências ideológicas e culturais que predispõem certas organizações e profissionais da mídia a enquadrar questões relacionadas a Israel de maneira particular. O fenômeno se assemelha a outros tipos de discriminação institucional, onde práticas aparentemente neutras podem perpetuar preconceitos mesmo na ausência de intenção explícita.

O Caminho para Renovação

A transformação do movimento progressista requer mudanças fundamentais em múltiplos níveis. Na academia, é necessária uma revisão crítica dos programas de estudos progressistas, incluindo perspectivas judaicas diversas e desenvolvendo metodologias verdadeiramente inclusivas. Nos movimentos sociais, é crucial estabelecer critérios objetivos para mobilização e desenvolver respostas universais a injustiças, sem valores morais condicionais.

A mídia progressista precisa adotar padrões equilibrados de cobertura, diversificar vozes e perspectivas, e abandonar os viéses sistemáticos que têm caracterizado sua abordagem a questões envolvendo judeus e Israel. A recuperação da autoridade moral exige consistência - não pode haver 'exceções' na aplicação de princípios de direitos humanos.

A superação do que Bebel chamou de 'socialismo dos tolos' requer mais que reformas superficiais ou declarações de intenção. Demanda honestidade intelectual para reconhecer preconceitos históricos, coragem moral para resistir a pressões sectárias, e ação concreta na implementação de reformas estruturais.

O antissemitismo de esquerda não é apenas mais um preconceito a ser combatido - é um indicador da saúde moral e intelectual do movimento progressista como um todo. Sua superação não é opcional, mas essencial para a sobrevivência do progressismo como força de transformação social positiva. O momento atual oferece tanto desafios quanto oportunidades, e a escolha que o movimento progressista faz hoje determinará não apenas seu futuro, mas sua própria relevância como agente de mudança social no século XXI.

A superação do antissemitismo progressista também exige o fim da instrumentalização de vozes judaicas marginais. A prática de amplificar seletivamente judeus que negam a legitimidade de Israel enquanto se silenciam vozes judaicas predominantes revela um padrão discriminatório que contradiz os próprios valores progressistas de representatividade e respeito à diversidade.

Além do 'Socialismo dos Tolos'

O antissemitismo de esquerda representa mais que uma falha moral - é um teste fundamental para a viabilidade do projeto progressista no século XXI. Nossa análise demonstrou como a disposição de ignorar atrocidades, relativizar ameaças genocidas e manter alianças com regimes antiprogressistas, desde que direcionados contra judeus, revela uma corrupção profunda no coração do movimento progressista contemporâneo.

O paradoxo de progressistas apoiando regimes que executam homossexuais, oprimem mulheres, perseguem minorias e ameaçam genocídio revela como o antissemitismo funciona como um vírus ideológico, corrompendo todo o sistema de valores progressistas. A mera posição anti-Israel parece suficiente para garantir imunidade moral a regimes que violam sistematicamente cada princípio que o progressismo deveria defender.

A superação do antissemitismo de esquerda não é apenas uma questão de justiça para os judeus -

é uma necessidade existencial para o próprio movimento progressista. Um movimento que demonstra tal seletividade em sua indignação, tal flexibilidade em seus princípios, não apenas enfraquece sua própria causa, mas fortalece os sistemas de opressão que alega combater.

O futuro do progressismo dependerá de sua capacidade de transcender o 'socialismo dos tolos' e desenvolver um movimento verdadeiramente universal, baseado em princípios éticos consistentes, análise crítica rigorosa e solidariedade autêntica. Sem esta transformação fundamental, o progressismo arrisca se tornar progressista apenas no nome - um movimento que abandonou a universalidade de seus princípios em favor de alinhamentos ideológicos baseados em preconceitos antigos.

Minha história: Mantendo-se Fiel aos Verdadeiros Valores da Esquerda

O momento atual representa uma ruptura profundamente pessoal para aqueles de nós que dedicamos nossas vidas à luta por justiça social dentro da tradição da esquerda. A dor é particularmente aguda porque vem daqueles com quem dividimos trincheiras. Pessoas com quem marchamos por direitos trabalhistas, com quem lutamos contra ditaduras, agora relativizam o assassinato de civis judeus e marcham sob slogans que pedem nossa eliminação.

Esta traição transcende o ideológico - é visceralmente pessoal. Cada manifestação 'progressista' que celebra ataques contra judeus, cada silêncio cúmplice diante de antissemitismo explícito, representa uma pequena morte das relações e confiança construídas ao longo de décadas de luta comum.

Tragicamente, este não é um fenômeno novo. A história da esquerda é marcada por momentos cruciais em que falhou em reconhecer e combater o antissemitismo em suas fileiras - desde o caso dos médicos judeus na União Soviética até a campanha antissionista depois da Guerra dos Seis Dias. O que testemunhamos hoje é uma nova manifestação desta antiga cegueira seletiva, onde princípios universais são abandonados quando se trata de judeus. Esta repetição histórica torna nossa situação atual ainda mais dolorosa, pois demonstra que mesmo após décadas de supostos avanços e autocrítica, velhos preconceitos podem rapidamente ressurgir sob novas máscaras ideológicas.

A Posição Única do Sionismo-Socialista

Como sionistas-socialistas, nossa posição é singularmente solitária. Mantemo-nos fiéis tanto ao sonho de justiça social universal quanto ao direito fundamental do povo judeu à autodeterminação nacional. Continuamos defendendo direitos trabalhistas, igualdade de gênero, direitos LGBT+, e justiça ambiental, mesmo quando excluídos dos espaços progressistas por nossa recusa em negar nossa identidade judaica.

A Tradição Sionista-Socialista: Uma História de Coerência

Esta tradição tem raízes profundas em pensadores e ativistas que moldaram tanto o movimento operário judeu quanto o sionismo. Figuras como Berl Katznelson, que ajudou a construir as bases do movimento trabalhista em Israel; Meir Ya'ari, que integrou princípios marxistas ao sionismo através do Hashomer Hatzair (movimento juvenil sionista-socialista fundado em 1913 que combinava o marxismo com o sionismo e foi fundamental na criação de diversos kibutzim); e Ber Borochov, que desenvolveu uma análise marxista única da questão judaica e do sionismo, demonstraram que a luta pela justiça social e a autodeterminação judaica não apenas podem, mas devem caminhar juntas. Eles nos deixaram um legado que prova que o verdadeiro socialismo inclui, necessariamente, o direito dos povos à autodeterminação nacional, e que a libertação judaica é parte inseparável da libertação universal.

O sionismo-socialista demonstrou, desde os primeiros kibutzim (comunidades agrícolas coletivas baseadas em princípios socialistas, onde todos os bens e a produção são compartilhados entre os membros, e as decisões são tomadas democraticamente) até os movimentos por direitos civis em Israel hoje, que é possível manter fidelidade tanto aos valores progressistas quanto à identidade judaica. Esta tradição se manifestou na construção de sociedades cooperativas, na luta por direitos trabalhistas, na defesa da igualdade de gênero e na promoção da coexistência pacífica.

Nossa posição é única porque nos recusamos a simplificar complexidades morais ou abandonar princípios fundamentais. Defender Israel não significa apoiar cegamente todas as políticas de seu governo; criticar políticas específicas não significa negar o direito de Israel existir; apoiar direitos palestinos não requer justificar terrorismo.

Esta consistência tem seu preço. Somos frequentemente atacados por ambos os lados: pela direita quando defendemos direitos palestinos e criticamos políticas específicas de governos israelenses; pela esquerda quando defendemos o direito de Israel existir e se defender. No entanto, é precisamente esta posição que nos permite ver com clareza particular como o antissemitismo corrompe o pensamento progressista.

Minha própria história demonstra que é possível manter múltiplos compromissos sem contradição. Como ativista socialista, minha luta nunca se limitou a causas judaicas - desde o combate ao racismo até a defesa de direitos trabalhistas, sempre mantive um compromisso com valores universais. Como sionista de esquerda, mantenho uma posição crítica contra elementos extremistas religiosos no atual governo israelense, lutando ativamente pela paz e pela criação de um Estado Palestino que conviva harmoniosamente ao lado de Israel. Esta posição não enfraquece, mas fortalece minha defesa do direito de Israel existir.

Minha trajetória mostra que é possível ser simultaneamente um defensor apaixonado dos direitos das minorias e um ativista por justiça universal. É precisamente esta consistência que me permite identificar e criticar quando o antissemitismo se mascara de progressismo.

Uma Palavra Final

A tragédia desta ruptura não está apenas nas amizades perdidas ou nos espaços abandonados.

Está na descoberta de que aqueles que acreditávamos serem defensores inabaláveis de direitos humanos universais podem tão facilmente abandonar seus princípios quando as vítimas são judias. O fato de companheiros de décadas de luta normalizarem o antissemitismo, desde que mascarado como 'antissionismo', revela uma falha moral que transcende mera divergência política.

Observamos de perto como pessoas que corretamente condenam todas as formas de racismo podem reproduzir estereótipos antissemitas antigos.

Como feministas podem silenciar sobre violência sexual quando as vítimas são israelenses. Como defensores de direitos humanos podem justificar o assassinato deliberado de civis judeus.

O que nos diferencia fundamentalmente do 'progressismo' atual é nossa recusa em sacrificar qualquer princípio em nome de alinhamentos ideológicos simplistas. Não abandonamos nossa preocupação com justiça social para defender Israel, nem negamos o direito de Israel existir para sermos aceitos em círculos progressistas. Esta posição, embora solitária, mantém viva a verdadeira tradição da esquerda - aquela que luta por justiça universal sem exceções ou inconsistência ética.

www.ingramcontent.com/pod-product-compliance
Lightning Source LLC
LaVergne TN
LVHW010510200726
843506LV00013B/2569